KB193820

사유하는 기쁨

사유하는 기쁨

마음과
세상을
밝히는

선일 스님의 사색집

선일
지음

불광출판사

마음과 부처와 중생이 하나
心佛及衆生 是三無差別

중생과 부처의 차별 없는 세상이 올 수 있을까?

가보지 않은 이상 세계에는 생사도 없고, 고통도 없을 것이라고 사람들은 생각한다. 그래서 망자에게 건네는 마지막 인사는 대개 하늘나라에서, 천당에서, 극락세계에서 다시 만나자는 것이다. 그러나 현재 머문 이 세상에서 끝없이 진정한 행복과 안락을 찾아 나서는 것이 인간의 위대한 점이 아닌가 생각해 본다. 그런 맥락에서 종교는 물론이고, 철학과 과학, 예술과 문학 등 다양한 사상과 문화가 발생하여 인류의 행복을 만들기 위해 노력해 오고 있다.

　　지금 사는 이 세상에서 행복과 안락을 위해 노력하는 것이 중생과 부처가 없는 길을 만들고, 이 세상을 천당과 극락세계로 만들어 가는 것이 아닐까 생각한다.

그동안 기도와 명상, 독서와 사색, 수행과 정진, 사회운동 참여와 봉사 등을 주제로 한 칼럼을 《경기일보》를 통해 주변 사람들과 나누어 왔다. 좋은 인연이 4년이나 이어져 그 글들을 모았고, 잡지와 법문의 초기불교 수행법 등에서 몇 편을 뽑아 추가해 한 권의 책이 만들어지게 되었다. 칼럼을 연재할 수 있게 해준 《경기일보》에 감사의 인사를 드린다.

끝으로 이 책이 나올 수 있도록 졸고를 흔쾌히 받아들이고 편집과 출판에 많은 신경을 쓰신 불광출판사에 진심으로 감사드리며, 독자 여러분과 함께 생각을 나눌 수 있는 기회를 갖게 되어 조심스러우면서도 설레는 마음으로 졸고를 엮은 책을 선보인다.

신축년 가을
원적산 법명사에서
미광 선일 합장

아무리 추운 겨울이라 해도
눈 속에서 아름다운 꽃이
피어나는 것이
우리가 사는 세상이다.
그리고 이것을 가능하게
하는 것이 세상을 만들어
가는 우주의 묘한 힘이다.
우리 인생에 겨울이 왔을 때,
좌절하지 않고 눈 속의
꽃 같은 용기로 살았으면
하고 소망해 본다.
매서운 추위와 눈발도
촉촉이 녹이며 한 생을
엮어 가는 꽃의 생명력을
떠올리면 두려울 것이
없을 것이다.

1

한겨울에도 꽃은 핀다

💚

가을이 시작되는가 싶더니 금방 겨울 추위가 들이닥쳤다. 연일 영하권을 맴도는 날씨에 온몸이 움츠러들어 을씨년스러운 마음이 든다. 겨울 준비가 안 된 사람들에게는 더욱 고통스러운 날씨다. 특히 포항 지진으로 인해 집을 나와 오갈 데도 없는 처지에 처한 주민들은 강한 추위가 더욱 괴로울 것이다.

하지만 추위와 생활 터전의 상실 속에서도 강한 삶의 의지와 희망을 저버리지 않고 열심히 살아가는 것이 인간의 위대한 생존 양식이다. 지금으로부터 7만 5천 년 전에 인도네시아 수마트라 섬에서 토바 화산이 분화했다. 그로 인해 발생한 화산재가 태양을 가려 빙하기가 시작되었고, 인간은 시련을 거치면서 겨우 살아남았다. 그 시기를 겪은 소수의 생존자가 지금 우리들의 조상이라고 한다. 빙하기를 거치며 살아남은 인간의 삶은 한마

디로 '인생은 고(苦)'라고 표현하는 것이 가장 정확한 표현일 것이다. 그리고 인간에게는 존재 자체가 끝없는 생존의 투쟁이라는 것을 말해 주고 있다.

붓다는 지구상에 가장 번성한 생명체인 인간의 실제 모습을 불완전하고 고통으로 가득 차 있는 존재로 보았다. 삶을 관찰해 보면 모두 괴로움이라는 것이고, 그 괴로움의 발생 원인과 괴로움의 소멸과 괴로움을 소멸하는 법의 네 가지를 성스러운 진리, 즉 사성제(四聖諦)라고 하여 깨달음의 길을 가르쳤다.

누구나 과거 추억들 중에 추위를 이기기 위해 따스한 온기와 사랑을 찾아서 방황하던 자신을 가끔 떠올리곤 한다. 아마 우리 주위에도 추위와 괴로움으로 인해 고통받는 사람들이 있을 것이다. 그리고 그들은 겨울의 추위가 차가울수록 따뜻한 사랑을 찾을 것이다.

피카소는 차가운 밤을 혼자 새우는 걸 지독하게 싫어했다. 그는 난로에 장작불을 피우면 될 일을 기어이 뜨거운 사람의 체온을 찾기 바빴다고 한다. 그의 왕성한 창작력의 원동력은 외로움을 극복하고자 한 의지였을 것이다.

그리고 추위와 고통, 외로움을 해결하고자 자신을 극복하고, 더 나아가 이웃의 아픔을 덜어 주고자 노력하는 아름다운 사람들이 세상에는 많다. 본인은 힘들지만 다른 이들이 나와 같이 살지 않고 행복해지기를 바라는 성자와 같은 사람들이 존재하기에 세상이 아름다워지는 것이다.

50억 상당의 부동산과 현금을 충남대 장학사업에 써 달라며 흔쾌히 기증했던 김밥 할머니나 동국대에 13억 원 상당의 오피스텔을 기증한 익명의 80대 할머니도 있고, 또 평생을 혼자 살아 온 80세 할머니가 자신의 전 재산인 아파트를 쾌척했으며, 73세의 할아버지는 성균관대에 13년간 노점상을 하면서 마련한 연립주택을 기증했다.

그분들의 공통점은 평생 어렵게 살았지만 남에게 희망을 주어야 한다는 생각으로 살았다는 것이다. 특히 자신의 선행을 숨기며 "언론에 연락처를 가르쳐 주지 말아 달라."고 부탁을 하고 "죽기 전까지는 절대 이름을 밝히지 말라."고 학교 관계자를 입단속 시켰다고 한다. 모두 무주상보시(無住相布施, 베풀었다는 생각마저 버린 보시)를 실천하는 아름다운 겨울 꽃과 같은 분들이다.

아무리 추운 환경이라 해도 눈 속에서 아름다운 꽃이 피어나는 것이 세상이고 이것이 세상을 만들어 가는 우주의 묘한 힘이다. 우리 인생에 겨울이 왔을 때, 좌절하지 않고 눈 속의 꽃 같은 용기로 살았으면 하고 소망해 본다. 매서운 추위와 눈발도 촉촉이 녹이며 한 생을 엮어 가는 저 꽃의 생명력을 떠올리면 두려울 것이 없을 것이다.

살불살조

💬🤍

부처님오신날을 봉축하는 행사가 전국 방방곡곡에서 성대하게 치러졌다. 부처님이 세상에 오신 뜻은 중생의 고통을 건지기 위함이었다. 태어나시자마자 하신 말씀이 "천상천하 유아독존 삼계개고 아당안지(天上天下 唯我獨尊 三界皆苦 我當安之)"였다. 이 말씀을 해석하면 "하늘 위 하늘 아래에 오직 그 스스로가 존귀하다. 이 세상이 고통스러우니 내가 기필코 고통을 편안하게 하리라."라는 뜻이다. 전쟁과 병고와 죽음이라는 세상, 사랑하는 사람과 헤어지는 고통, 원수와 만나는 고통, 구하려고 해도 구할 수 없는 고통 등 육신과 정신이 만들어 내는 수많은 고통을 없애 주기 위해서 우리 곁에 오신 것이다.

　여기서 삼계(三界)는 우주 법계(전 우주)를 가리킨다. 우주의 나이는 137억 년이라고 한다. 그리고 우주가 생성된 후 탄생한 지구의 나이는 45억 년이라고 한다. 인간의 생애를 길게 잡아 100년이라고 한다면 4,500만 번 다시 태어난 것과 같은 나이라고 볼 수 있다.

인도에서 말하는 1겁이라는 시간은 우주의 탄생과 소멸과 공(空)의 반복된 시간을 이야기한다. 거기서 나란 존재를 어떻게 설명할 수 있을까? 분명한 것은 나라는 존재는 삶이라는 고통에서 발버둥 치며 살아가는 나약한 존재라는 것이다. 인간만이 아니라 모든 생명은 끝없이 죽고 태어나는 고통에서 벗어나지 못하고 있다.

그러나 좋은 인연으로 진리의 가르침을 만나면 육신의 죽음에서 벗어나 깨달음의 세계에 건너갈 수 있다. 몸은 지(地), 수(水), 화(火), 풍(風)의 자연으로 돌아가지만 자신이 살아가면서 행한 행동과 입으로 한 말과 생각으로 지은 선행은 모두가 아뢰야식이라고 하는 근본 의식으로 들어가 다음 생에 자신에게로 돌아온다. 그 좋은 인연이 예수님이든 알라신이든 부처님이든 우리의 의식 세계를 뛰어넘는 영적 차원의 세계에서 나를 구원하는 계기가 될 수 있는 것이다.

대한민국은 다행히 모두가 좋은 인연의 종교 지도자를 만나 어떤 종교가 들어와도 서로 크게 싸우지 않고 국민들에게 바른 진리를 전하였다. 그러나 유럽과 중동, 미국 등은 종교 갈등과 이민족 간의 불화로 무서운 살육이 자행되고 있는 현실이다. 종교가 고통의 원인이 되어 버린 것이다. 아무리 좋은 말씀도 내 것이 제일이라는 아집에 빠지면 그 순간 진리는 악이 되어 버린다. 상대를 이해하고 용서하고 남의 처지를 인정할 때 불화는 사라질 수 있다.

뗏목을 타고 강을 건너간 후에 그 뗏목을 짊어지고 갈 것인가, 버리고 갈 것인가? 당연히 버리고 가는 것이 지혜이다. 그래서 옛 도인들은 살불살조(殺佛殺祖)하라고 가르쳤다. 부처도 초월하고, 조사(祖師, 뛰어난 행적을 남긴 큰스님)도 초월해서, 불타와 조사를 원수같이 보아야만, 참으로 공부할 수 있다는 뜻이다. 바로 이것이 근본 목표가 되어야 한다.

"자기 자신에게 의지하고, 진리에 의지하라. 자기 자신을 등불로 삼고, 진리를 등불로 삼아라." 부처님이 열반에 들기 전 마지막으로 당부하셨다고 하는 이 말씀을 강한 표현으로 바꿔서 우리들의 어리석음을 일깨운 것이 바로 이 '살불살조'라는 생각이 든다. 그동안 수많은 조사들이 "중 믿지 말라."고 했던 이야기도 같은 맥락이었던 것이리라. 이 어지러운 세상에서 참나를 찾는 지혜가 필요한 때이다.

아무리 좋은 말씀이어도
내 것이 제일이라는 생각에
빠지는 순간 진리는
악이 되어 버린다.
상대를 이해하고 용서하고
남의 처지를 인정할 때
불화는 사라질 수 있다.

음욕과 물욕, 독사보다 무서운

💬💗

언론에 비치는 모든 죄악의 뿌리는 음욕과 재물에 대한 과욕에 있다. 요사이 미투운동이나 사회 적폐 청산, 정치인의 타락, 살인과 방화, 폭력, 가정파탄 등 수많은 죄악이 다 재색(財色, 재물과 음욕)에서부터 일어난다. 인간의 원초적인 욕망이 가장 큰 죄악으로 나타나기에 사람들은 사고 능력이 발달하면서부터 욕망의 조절과 사회질서 유지를 위해 종교와 문화의 전파에서 오욕락의 절제에 대한 가르침을 가장 중요한 부분으로 여기게 되었다.

『계초심학입문(誡初心學入文)』이라는 불교 수행자의 첫 공부 입문서에도 이런 구절이 있다.

재색지화 심어독사(財色之禍 甚於毒蛇)
성기지비 상수원리(省己知非 常須遠離)

무연사칙부득입 타방원(無緣事則不得入他房院)

당병처 부득강지타사(當屛處不得强知他事)

해석하면 "재물과 성욕과 본능적인 쾌락으로 인한 재앙은 독사의 독보다 더 무서우니 자신의 몸을 잘 살피고 어떤 잘못이 있는 줄을 알아서 모름지기 언제나 조심하고 멀리해야 하느니라. 또한 아무런 볼일도 없으면서 다른 사람의 방이나 처소에 드나들지 말아야 하며 다른 사람의 일을 억지로 알려고 하지 마라." 라는 뜻이다.

예나 지금이나 사람을 파괴하는 데는 재물과 음욕만 한 게 없어 보인다. 이는 동서를 불문하고 공통된 진리이다. 무릇 재색은 인간 생활에 필요 불가결한 요소임에는 분명하지만, 너무 과하거나 집착하면 도리어 화(禍)가 되었음은 역사가 증명하여 주고 있다. 그래서 나라를 다스리는 관리나 사회의 지도층에 있는 이들에게는 더욱 엄격하고 곧은 잣대를 들이밀게 되었다. 뇌물이나 축재 그리고 성적 문란은 늘 부정과 악을 동반한다. 그리고 그러한 행동은 개인의 파멸은 물론 결국에는 가정과 나라를 망치는 결과가 되기도 하였기 때문이다.

그래서 "재물과 음욕의 화는 독사보다도 무섭다(財色之禍甚於毒蛇)."라는 구절은 수행자뿐만이 아니라, 일반 사람 또한 똑

같이 적용되는 가르침이다. 이 같은 날벼락에서 누군들 벗어날 수가 있겠는가! 본인은 물론 가족 전체의 불명예요, 슬픔이 된다.

『삼국유사』에 있는 「우적가(遇賊歌)」라는 향가와 그에 대한 이야기를 보며 마음을 다스려 보자.

옛날 신라 원성왕(元聖王, 재위 785~798) 때 영재 스님이 도적의 무리를 만났다. 도적들은 스님에게 가지고 있는 금품을 내놓으라고 했다. 그러자 영재 스님께서는 짊어지고 있던 걸망을 가지라는 듯이 던져 주었다. 스님의 당당한 얼굴빛과 태도에 놀란 두목은 스님의 법명을 물었고, 영재 스님임을 알고 시 한 수를 청했다. 그러자 스님께서는 다음과 같이 읊었다.

"제 마음의 참모습을 모르던 날을 멀리 지나 보내고 이제는 숨어서 가고자 한다. 오직 그릇된 도둑떼를 만나 두려움에 다시 또 돌아가겠는가? 이 흉기를 받고 나면 좋은 날이 고대 새리라 기뻐하였더니 아아, 오직 요만한 선업(善業)은 새 집이 안 됩니다."

이것이 바로 「우적가」라는 향가이다. 도적들은 시를 들은 보답으로 그들이 약탈했던 재물 모두를 스님에게 바쳤다. 그러자 영재 스님은 도적들에게 말했다. "당신들이 보기에는 이것이 보물인지 모르겠지만 내가 보기에는 모두 지옥감일 뿐이오. 그대들이 이것 때문에 계속 도적질을 한다면 살아서는 감옥에 갈 것이고 죽어서는 지옥을 가게 될 것이오. 그러니 그 해가 어찌 독사의 독보다 심하지 않다고 할 수가 있겠는가." 이렇게 말을 한 스님은 그 재물을 거절했다. 도적들은 스님의 말을 듣고 크게 감동하여 스님의 뒤를 따라서 제자가 되었다고 한다.

새로운 세상이 다가온다

권력과 금력이 사라진 이상주의 나라 유토피아, 혹은 모든 속박에서 벗어나 자유로운 상태의 삶, 권력자의 간섭에서 벗어난 정부가 없는 나라…. 철학을 공부한 사람이라면 이런 세상을 동경해 보지 않은 이가 없을 것이다.

인류는 평화와 번영을 위해 끝없이 노력하지만, 현재까지도 전 세계 화약고는 줄어들지 않고 있으며, 무역 갈등으로 지구는 보이지 않는 또 다른 전쟁을 치르고 있다. 대한민국을 보더라도 남북갈등과 여야간 싸움, 국가 경제의 어려움과 사회 각 분야에서 일어나는 사건들로 우리 모두의 숨을 막히게 한다. 권력의 암투는 끝이 없다. 특히 부의 편중화는 더욱 심해져서 일부의 사람을 제외한 국민 대부분은 일벌레가 되어 하루하루 힘겹게 살아가는 현실이다. 그로 인해 OECD 국가 중 자살률 1위

국가라는 꼬리표를 아직 달고 다닌다.

과거 마르크스는 자본가의 횡포와 종교의 해방으로 국민을 보호한다는 미명하에 공산주의를 주장하여 많은 이상주의자들을 현혹시켰다. 하지만 공산주의가 실패로 끝나고 난 뒤, 그 피해는 이루 말할 수 없이 컸다. 수많은 사람이 이데올로기 분쟁에서 자신이 왜 죽어야 하는지도 모른 채 죽어야만 하였다.

하지만 역사는 지금도 밝은 미래를 향해 달려가고 있다. 산업혁명 이후 인터넷의 발달로 인해 IT 산업은 과거 어느 시대보다 빠른 속도로 진화해서 지금은 인공지능의 시대로 접어들었다. 더욱이 앞으로 몇 년 후에는 블록체인 기술의 발달로 세상은 급속히 변해 갈 것이라고 한다.

수년 전 설립된 블록체인 국가인 비트네이션(Bitnation)은 가상 국가로, 여권도 발행했다고 한다. 블록체인이란 기술로 인해 가상 국가를 만들어 정권도 없고 대통령도 없는 나라로서 누구든 비트네이션에 가입만 하면 국민이 될 수 있다. 또한 온라인상에서 국가나 자치 커뮤니티가 구성되며 출생증명서, 블록체인 부동산 등기부 등본에서부터 암호 화폐까지 만들어 사용한다고 한다. 이런 과학의 발달은 블록체인이라는 기술을 바탕으로 모든 정보의 공유 속에서 이루어지면서 차별이 없는 정보의 바다에서 개인의 비밀과 자유는 보장되도록 프로그램화해서 누구나 원하는 꿈의 세계가 기하급수적으로 빨리 진행되어 가고 있다.

　과학의 발달로 인해 철학자들이 꿈꿔 왔던 유토피아의 시대가 더욱 빨리 다가오지 않을까 하는 희망에 가슴이 벅차오른다. 인간의 탐욕과 분노와 어리석음으로 일어나는 분쟁들을 IT 기술이 조정하고, 생산과 거래와 모든 사회적 노동 요소들이 더욱 진화하여 인간이 노력하고 공부하는 분야는 지금과는 다른 정신적인 세계에서 수많은 일과 가치창조가 이루어질 것으로 보인다.

　이런 급변하는 시대를 만들고 적응하기 위해서는 모든 이가 새로운 가치관과 철학을 배울 수 있는 사회가 되어야 한다. 지금의 교육 방식으로는 미래 지향적인 인간을 위한 교육이 될 수 없고 국제 사회에서 뒤떨어진 국민이 될 것이다. 지금 인류의 변화 속도는 너무 빠르다. 창조적인 아이디어를 생각할 수 있는 국민이 되어야 한다. 그 해답은 '나는 누가 지배하는가?'라는 질문에서 찾을 수 있다. 그 답은 바로 나 자신이라는 것이다.

무위자연

인간과 자연은 본래 서로 공존하며 사는 하나의 공동체이다. 그러나 언제부터인지 인간은 자연을 정복하려고 노력하고 있다. 그것이 인간의 위대함을 나타내는 행동이라고 착각하게 되어버린 것이다. 인간이 자연뿐만 아니라 모든 생명체를 지배하는 종족의 서열 최상위에 서 있게 되면서 이 세상에 존재하는 동식물들을 인간의 먹잇감이나 놀잇감으로 만들기 위해 유전자 조작까지 하며 자연을 총체적으로 지배하려고 하고 있다.

지금은 인간이 자연의 지배자라고 자부하고 있지만 자연과 동식물의 훼손으로 인해 발생한 기후 변화와 생태계 혼란 등이 원인이 되어 언제 처참하게 몰락하여 지구상에서 멸종될지도 모르는 위태로움에 직면할 수도 있다.

지금 겪고 있는 코로나19 바이러스는 서막일 뿐이라고 양심 있는 과학자들은 예견하고 있다. 어떤 것이 진리인지 자연에서 배우고자 하는 이들은 몇 안 되고, 오직 부와 쾌락과 권력에 치우쳐 인간의 본성을 잃어만 가고 있다. 그리고 돈이라면 앞뒤 가리지 않고 종교, 철학, 예술, 과학, 사회경제 등 모든 것을 교묘하게 이용하는 세상이 되었다.

이런 세상에서 살다 보니 자신의 이익을 위해서라면 모든 것을 꾸미고 남을 속이고 이용하며 자연을 훼손한다. 그리고 모든 것을 지배하려는 끝없는 탐욕의 늪에 빠져 헤어나지 못하면서 인간성 회복은 요원하게 되어 버렸다.

그래서 과거 현인들은 무위자연(無爲自然)이라는 삶의 철학에서 세상과 모든 생명체와 함께 공존하는 지혜를 찾고자 하였다. 쉽게 말하면 사람들에게 잘 보이려고 애를 쓰거나 가면을 쓰고 위선적인 행동을 할 필요도 없고, 자연과 더불어 있는 그대로, 그냥 사는 것이 진정한 삶으로 가는 길이라는 것이다.

노자(老子)가 말한 '무위자연의 도'는 인위적으로 꾸미거나 억지로 가공하지 않고, 자연의 성질이나 모습을 지키는 것 또는 방법을 가리킨다. 그래서 노자는 "성인은 만물이 스스로 본성에 순응하려 함을 도와 줄 뿐, 의도적으로 행하지 않는다."라고 하였다. 그리고 무위자연의 도를 실현하기 위해서는 외적으로 다투지 않고, 내적으로 소유하지 않고, 자랑하지 않으며, 탐내지 않음을 실천하여야 한다고 한다. 즉, 원래대로의 모습 그대로가 무위자연이다.

그러면 불교에서는 무위자연의 삶은 어떻게 살아야 한다고 하는가? 먼저 불교 무위법(無爲法)의 정의를 찾아보자. 무위는 본래 범어(梵語) 어산스끄리따(asaṁskṛta)를 번역한 말로, 범어 산스끄리따(saṁskṛta)에 부정관사 'a'가 첨부된 것이다. 산스끄리따는 불교 이전의 브라만교에서 절대신 브라흐만(창조신)에 의해 세상이 만들어지고 인간과 동물이 모두 완벽히 조종되는 것을 뜻하는 말이었다. 그래서 브라흐만이 만들어 인간에게 전했다는 언어인 산스끄리뜨(saṁskṛta), 곧 범어도 같은 단어를 사용한다. 즉, 절대 신에 의해 완벽히 조종이 되지 않는 상태를 가리켜 어산스끄리따, 무위(無爲)라 일컬은 것이다. 그래서 불교에서의 무위자연은 신으로부터의 해방이다. 어떤 인연에 의해 조작되지 않은 것으로, 생겨나지도 않고 없어지지도 않고 항상 그대로 변함이 없는 해탈법을 뜻한다.

인간의 괴로움도 자연을 그대로 보지 않는 데서부터 오는 것이다. 바이러스의 침입도, 기후 위기도, 핵전쟁도 없는 세상을 만드는 것은 원래대로 본래 모습을 자연에서부터 찾는 데서 온다고 보는 것이다.

옛 고승들은 스님의 말씀만 법문인 것이 아니라 자연의 모

든 소리가 법문(法門)이라 하면서 이를 무정설법(無情說法)이라고 하였다. 이제 자연의 소리에서 진리를 찾는 지혜를 가져야 인간과 자연이 서로 공존하며 사는 하나의 공동체로 영원히 남을 것이다.

산업혁명과 멸종 저항 운동

2020년 7월, 근대 산업혁명을 이끌었던 영국에서 기후 변화 방지 운동단체의 대규모 시위가 벌어졌다. 영국에서 시작한 급진적 환경운동가들이 만든 단체 '멸종 저항(Extinction Rebellion)'의 시위에서, 시위 참가자들은 그들이 만들어 놓은 산업혁명의 위대함을 무너뜨리기 위해 거리로 나와 투쟁했다. 이러한 저항 운동은 전 세계로 확산하면서 새로운 문명사회와 경제계의 재편을 유도하고 있다.

    18세기 영국에서 일어난 산업혁명은 유럽, 미국, 러시아 등으로 확대되었으며, 20세기 후반에 이르러서는 전 세계로 확산하였다. 산업혁명은 흔히 공업화라고 부르는 것으로서, 공업화의 기원을 산업혁명으로 본다. 또한 19세기 중엽 미국에서 탄생한 석유 산업은 20세기 초에는 1차 에너지 공급량의 10퍼센트 미만을 담당하였던 것이 1980년대에는 80퍼센트 수준에 육박하는 거대한 규모로 발전하였다. 즉, 산업화의 발전으로 파생되는 온실가스 배출량 증가가 지구의 온도를 올리고, 기후 변화로 인한 생태계 혼란과 인류의 종말을 앞당기는 역할을 하는 것이다.

멸종 저항 단체는 의회의 울타리에서 시위하며 지하철을 폐쇄했다. 의회는 이미 그들의 첫 번째 요구를 받아들여 국가적 기후 비상사태를 선포했다. 그러나 멸종 저항 단체는 2025년까지 순 탄소 배출량을 0이 되도록 하지 않으면 되돌릴 수 없는 기후 비상사태가 온다고 주장한다. 이 새로운 운동은 심지어 인간 역시 멸종하는 재앙에 직면할 수 있다는 진실을 말하며, 매주 목요일마다 사람들에게 기후 위기가 얼마나 심각한지 말해 주는 진실 알리기를 하며 운동을 위한 서명에 동참시켰다.

혹자들은 말한다. "지구 입장에서 보면 인간이 바이러스이고, 코로나19 바이러스가 백신이다. 인류가 지금 같은 생활을 지속한다면 인류 스스로 멸종하게 될 것이다. 그리고 코로나19 바이러스가 인류 멸종을 막을 지구 자신의 백신이라고 굳게 믿는다." 이렇게 본다면 코로나19 바이러스가 인류의 종말을 막는 구원자가 된다는 뜻이다.

코로나19 바이러스로 인해 대량 생산과 대량 소비가 줄어들었고, 인간이 멈추니 지구가 살아나고 있다. 크루즈 여행과 비행 산업과 공장이 멈춤으로써 에너지 소비가 절감되고 공기가 맑아지고 있다. 인간의 과도한 욕망과 오만이 만들어 낸 종간의 불균형이 다시 균형을 잡고 자연으로 돌아가자는 생각들이 일어나고 있는 것이다.

붓다는 한 방울의 물에도 수억의 중생이 살고 있다고 하시며 그 안의 중생들까지도 생각하는 자비심이 필요하다고 하였다. 절에서는 식사할 때마다 다음과 같은 게송을 읊는다.

내가 한 방울의 물 관하여 보니
팔만 사천 벌레 있도다
만약에 이 주문을 외지 않고 마신다면
중생의 고기를 먹는 것 같네

吾觀一滴水(오관일적수)
八萬四千蟲(팔만사천충)
若不念此呪(약불염차주)
如食衆生肉(여식중생육)

수행승들이 소지해야 할 물건 중 하나인 녹수낭은 물을 마실 때 혹시 물속에 있을지도 모르는 벌레를 죽이지 않기 위해 물을 걸러 내는 주머니이다. 그리고 뜨거운 물은 식혀서 버리라고 하였다. 내가 버리는 물로 인해 죽거나 다치는 생명이 없도록 하기 위함이다. 이처럼 천안의 눈으로 물 한 방울 속에도 중생이 있다는 것을 보시고 함부로 물을 마시는 것을 허락지 않으셨다. 천안의 눈으로 보면 물속에 팔만 사천 중생이 있기에 육안의 눈으로 마시며 물속의 생명들이 해탈하라고 주문을 외우는 것이다.

멸종 저항 운동을 보며 생각한다. 우주에서 지구를 보면 한 덩어리이지만 거기엔 갖가지 생명이 있듯이 우리가 사는 세상에도 많은 종의 생명체가 존재한다. 인간만이 위대한 것은 아니다. 자연과 더불어 살며 다른 종의 생명들과도 공존하는 철학을 가질 때이다.

생각하는 마음이 없으면
사랑이 아니다

언론에서 군부대 성희롱 문제나 부실 급식 문제, 코로나19 전염 문제 등이 연일 보도되는 것을 보며 사람들은 군 기강이 해이해 졌다고 염려한다. 군에 대한 비판적인 여론은 내가 군에 근무하던 1970년대 그 시절이나 지금이나 여전한 듯하다. 하지만 현재는 여론의 방향이 성폭력 문제 쪽으로 초점이 맞춰져 있다는 것이 당시와의 가장 큰 차이점이다. 이는 군대 내에 과거보다 여성이 많이 들어와 있고 사회적으로 여성의 권익이 높아져 있다는 증거이기도 하지만, 그러한 변화를 군대가 제대로 반영하지 못하고 있다는 증거이기도 하다.

해군 군승 법사로 군대에서 청년기를 지낸 나의 눈에 보이는 장병들은 인생의 가장 빛나는 시기를 보내는 청년들이었다. 그래서 항상 그들을 사랑하는 마음을 가지며 돌보았다. 하지만 사랑한다 해서 모든 것을 용서할 수 있는 것은 아니다. 그래서 잘못된 사랑의 마음과 표현의 형태로 인해 벌어지는 성폭력을 잘 구분해야 한다. 그러기 위해서는 먼저 사랑의 뜻을 잘 이해하는 것이 중요하다.

일반적으로 '사랑'이란 말의 어원으로 꼽는 것은 여러 가지가 있으나 가장 많이 통용되는 것은 『월인석보』에서의 표현이다. 『월인석보』에서는 사(思)를 "᷇랑할씨라"라고 풀이한다. 즉 '᷇랑하다'는 생각한다는 뜻이다. 또한 '᷇랑'은 『야운자경』에서 발견되는 "사량(思量)"에서 유래되었다는 설도 있다. 사량은 깊이 생각해서 헤아리다, 혹은 이것과 저것을 구별한다는 의미를 가지고 있는 말이다. 따라서 사랑은 상대방을 이모저모 깊이 생각하고 헤아리면서 배려하는 마음이라고 해석할 수 있다. 한참 후대인 1700년에 발간된 영장사판 『유합(類合)』(조선 시대의 한자 입문서)에서는 애(愛)와 사(思)를 모두 '사랑하다'로 언해하고 있다. 즉, 사랑은 상대방을 깊이 헤아리고 배려해서 좋아하는 마음을 나타내는 것이다.

그러나 성폭력은 사랑의 의미와는 거리가 먼 행위이다. 법적으로 성희롱은 업무, 고용 그 밖의 관계에서 공공기관의 종사자, 사용자 또는 근로자가 그 직위를 이용하여 또는 업무 등과 관련해 성적 언동 등으로 성적 굴욕감 또는 혐오감을 느끼게 하거나 성적 언동 또는 그 밖의 요구 등에 대한 불응을 이유로 고용상의 불이익을 주는 행위를 말한다. 성추행은 성욕의 흥분 또는 만족을 얻을 동기로 행하여진 정상의 성적인 수치 감정을 심히 해치는 성질을 가진 행위를 말한다. 성추행은 성별이나 나이를 불문하고 그 행위가 범인의 성욕을 자극·흥분시키거나 만족시키려는 성적 의도로 행해짐을 필요로 한다. 성희롱과 성추행이라는 행위 모두 상대방이 아닌 자신을 먼저 생각한 행위인 것이다.

지금 기관에서는 성폭력 방지 교육 프로그램이 시행되고 있다. 다양한 사람들과 사는 현대는 말과 행동을 항상 조심하고 살아야 한다. 우리가 무심코 하는 말이나 행동에는 자신의 욕망이 깔려 있으므로 언제 타인에게 어떤 상처를 줄 지 모르는 세상이다.

이와 함께 사랑은 상대방을 이모저모 깊이 생각하고 헤아리면서 배려하는 마음이라는 생각을 해야 사랑이 넘치는 세상을 살 수 있을 것이다.

서로를 생각하는 마음은
무엇도 막지 못한다

추석은 민족의 대명절이다. 『삼국사기』에 따르면, 두 왕녀가 여자들을 둘로 편을 나누어 거느리고 7월 16일부터 매일 뜰에 모여 밤늦도록 베를 짰다. 그러다 8월 보름이 되면 그동안의 성적을 가려서 진 편에서 술과 음식을 장만하여 이긴 편에게 대접했다. 이때 '회소곡(會蘇曲)'이라는 노래를 부르고 춤을 추며 놀았다고 했다. 고려 시대에도 추석 명절을 쇠었으며 조선 시대에 들어와서는 국가적으로 선대 왕에게 차례를 지냈다. 중종 때에는 설·단오와 함께 3대 명절로 정해지기도 했다. 하지만 경자년(2020) 추석은 코로나19라는 역병으로 인해서 오랜만에 가족을 만나 함께 추석 차례조차 지내지 못하는 지경에 이르렀다.

과거 임진왜란과 병자호란이 끝난 후 1670년, 1671년에 연이어 일어난 경신 대기근은 겨울의 추위가 여름까지 이어지고 태풍과 우박, 수해, 냉해, 지진, 역병, 가축병, 충해가 한꺼번에 덮치면서 백성들이 죽어 나가는 대재앙이었다. 당시 조선 인구의 5분의 1인 100만 명이 굶어 죽었다. 1695년부터 1699년까지 이어진 을병 대기근으로 인한 희생자의 수는 경신 대기근 때보다 훨씬 많았다.

이 시기는 세계적으로도 소빙하기가 덮친 유례없는 기근의 시기였으며, 콜레라, 천연두, 장티푸스, 이질, 홍역 등이 창궐한 역병의 시기였다. 태양의 흑점 활동이 변화하고 운석이 떨어지면서 이 시기에 세계적인 기상이변이 일어났다는 것이 기상학자들의 추측이다. 북반구의 추위가 극심해져 견디다 못한 유목민족이 남하하면서 역사적인 사건들이 일어나게 되었다. 여진족이 남하하여 명나라를 멸망시키고 청나라를 세운 것도 그 예 중 하나였다.

그러나 이제 북반구는 더위가 극심하고 폭염과 홍수가 수시로 일어난다. 이번에는 코로나19 바이러스도 창궐했다. 멜버른대학 교수인 앨런 로페즈는 인터뷰에서 코로나19로 인한 실제 사망자 수는 180만 명에 가까울 수 있으며, 2020년 말까지 300만 명에 달할 수 있다고 말했다. 이러한 역병 대재앙의 시대와 더불어 기후 위기 비상사태가 일어나고 있다. 세계 어느 국가에서도 이런 유례가 없는 재앙에는 속수무책일 수밖에 없다.

과거 조선에는 혜민서(惠民署)와 활인서(活人署)라는 관청이 있었다. 혜민서는 일반 백성들의 진료를 담당하는 곳이었고, 활인서는 연고가 없는 환자를 수용하고 역병이 돌 때 임시로 막사를 지어 환자들을 돌보는 곳이었다. 다만 두 관청은 서울에만 있었기 때문에 지방에는 공식적인 의료기관이 없었다.

경신 대기근 때 역병으로 인해 어마어마한 환자들이 속출하는 상황에서 현종은 의관 백광현(白光炫, 1625~1697)을 남쪽 지방에 파견한다. 힘든 상황에서도 그는 자신에게 오는 환자들을 정성을 다해 치료했다. 남녀노소, 신분의 귀천도 가리지 않았다. 왕족이나 고관대작들만을 진료하며 안온한 생활을 한 것이 아니라, 민중 속으로 들어가 그들의 고통을 위로해 주고 병을 치료해 준 것이다.

그 어려운 시절 신의 백광현은 수많은 사람의 병을 치료했다. 오늘날 다시 그때와 같은 재난이 닥쳐오더라도, 백광현과 같은 참된 의술을 실천하는 의료인들이 최선을 다해 곳곳에서 어둠을 밝혀 주리라 믿는다.

끝으로 이번 경자년 대역병의 시대에 전 세계인들이 어려움을 겪지만 그래도 대한민국은 슬기롭게 대처하여 세계 어느 나라보다도 사망자 수가 적은 국가로 평가받고 있다. 이번 추석 연휴 때가 전염병 확산의 기로이므로 수백만 명의 귀향길을 자제할 때라고 본다.

안동 하회마을에 살던 유학자 류의목은 일기인 『하와일록』의 1798년 8월 14일 자 기록에서 "천연두가 극성을 부려 마을에서 의논하여 추석에 제사를 지내지 않기로 정했다."고 했다. 안동 풍산의 김두흠 역시 일록에서 "나라에 천연두가 창궐하여 차례를 행하지 못하였다."라고 기록했다.

이런 난국일수록 모든 국민이 합심하여 분열하지 말고 한마음으로 나아갈 때 전 세계를 선도하는 위대한 국가로 우뚝 설 수 있을 것이다.

사람은 이름을 남긴다

사람이 죽고 난 후에 몸은 흙으로 돌아간다. 그리고 이름과 업적 외에는 아무것도 남지 않는다. 그만큼 사람들은 자신의 이름을 아주 중요하게 생각한다. 자신이 죽어서 이 땅에서 사라질지라도 이름만은 세상에 남아서 사람들이 기억해 주기를 바라고, 더 나아가 많은 사람들에게 칭찬받기를 원한다. 그래서 과거나 현대 속에서 뛰어난 사람들은 그들의 이름을 역사 속에 남긴다.

"호랑이는 죽어서 가죽을 남기고 사람은 이름을 남긴다." 라는 속담이 있다. 과거 신화와 전설로만 여기던 이름들이 속속 현실로 밝혀져서 고대사가 다시 쓰이기도 한다. 단군이나 환웅 등의 이름이 그렇다. 신화로만 여겨지다가 현재는 한민족의 고대국가인 왕조의 이름으로 재조명되고 새로운 고대사 연구를 위해 유물 발굴과 역사 탐구가 진행되고 있다.

이러한 역사 속에 등장하는 인물들은 나름대로 그 시대에 치열하게 살았던 사람들이었다. 나라를 위해서, 혹은 철학이나 종교적 믿음으로, 민족을 위하고 조직을 위해서든, 또는 명예를 위해서든 유명해진 사람들은 자신이 하는 일에 최선을 다하였고 목숨을 걸었다. 하지만 개인의 영달이나 이익을 위해 남을 생각하지 않고 하루하루 살아가는 사람들은 역사의 뒤안길로 사라졌다.

조선왕조가 끝난 이후 지금까지 한민족을 경제·문화의 강국으로 만든 것은 어려울 때마다 열심히 살아온 독립운동가, 뛰어난 정치인, 경제인, 과학자, 문화 예술인들이었다. 또한 경제 대국으로 성장하기 위해 일생을 바쳤던 많은 재계 총수들의 업적도 크다고 본다. 특히 2020년 가을에 돌아가신 삼성 이건희 회장의 한국 경제 성장에 기여한 업적은 매우 크다.

에프앤가이드에서 공개한 2019년 11월 기준 우리나라 5대 그룹 시가총액은 삼성 434.9조 원, SK 121조, 현대 83.3조, LG 79.9조, 포스코 24.7조의 순이다. 한국 경제를 세계적인 강대국으로 이끈 공로자들이라고 할 수 있다.

많은 경쟁자와 겨루는 세상에서는 승리욕이 강해야 앞서 나갈 수 있다. 특히 현대 국가 간의 경쟁은 과학과 경제력이 중요한 힘이다. 그러나 경제력을 키우기 위해서는 과학과 기술뿐만 아니라 문화와 예술 분야가 같이 받쳐 줘야 한다. 그런 측면에서 한류의 세계화는 경제 성장에도 큰 역할을 하였다. '한류'로 지칭되는 한국의 대중문화는 아시아를 중심으로 인기를 얻기 시작하였다. 이러한 열풍은 중국, 홍콩, 베트남, 필리핀 등 동남아시아 전역으로 확산됐다. 한국에 대한 인식이 좋아짐에 따라 각국에서는 한국 대중문화 수용의 차원을 넘어 김치, 고추장, 라면, 가전제품 등의 한국 상품과 문화에 대한 선호 현상 또한 뚜렷해졌다. 한류는 이따금 주춤거리면서도 줄곧 뻗어나갔다. 최근에는 영화 산업이 아시아를 넘어 전 세계의 주목을 받았고, 방탄소년단, 싸이 등 많은 K팝 가수들의 노래와 춤은 유럽과 미국을 넘어 전 세계 사람들이 함께 즐기면서 그들의 이름이 새로운 역사의 페이지를 장식하고 있다.

경제계와 문화계에 큰 발전을 이뤄 냄으로써 세계만방에 퍼진 그들의 이름은 오래 남을 것이다.

12월의 사색

추운 겨울 한 해의 끝인 12월에는 누구나 지나간 시간을 돌아보고 사색의 시간을 갖게 된다. 하지만 2020년 12월은 한 해를 돌아보고 생각할 겨를이 없었다. 가장 큰 희망이 코로나19 백신이나 치료제의 개발뿐이었다.

　　그래도 과거에는 새로운 해를 맞이하는 모습들이 희망적이었다. 미래를 예견하는 사회과학자나 자연과학자들이 연일 방송에 나와서 앞으로 다가올 시대의 기대감으로 과학 기술과 미래 세계에 대한 계획 등을 이야기했다. 그러나 현재 세상의 뉴스거리를 보면 온통 기후 위기를 비롯한 환경파괴, 병과 죽음과 싸움 이야기뿐이다. 욕망과 분노로 인한 어리석음이 가득한 세상의 끝은 어디일까? 미래가 불투명하고 어지럽다. 특히 2020년은 코로나19 바이러스로 인해 더욱 암울한 한 해였다.

어떻게 해야 희망이 보일까? 그 출구를 찾기가 어렵다.

그럼에도 12월이기에 희망이 보인다. 12란 숫자는 신성하고, 12월은 새로움을 만들어 줄 수 있는 달이기 때문이다. 12월이란 달의 숫자는 누가 만들었나? 고대 인류가 이 별에서 발견한 완전한 우주의 시간과 공간을 표시한 숫자일 것이다.

하루도 역시 12시간씩 오전 오후로 나뉘어 있다. 이는 태양을 돌고 있는 지구의 궤도를 보여 주는 원을 30도씩 12등분한 것이다. 둥근 원을 딱 떨어지는 각도로 10개를 나누는 것은 불가능하다. 그러나 12개로 나누는 것은 가능하다.

동양의 천간과 함께 간지를 이루는 12지(支)뿐만 아니라 피아노 건반은 한 옥타브가 12개의 반음으로 이루어져 있고, 연필 1다스는 12자루를 말한다. 고대 신화나 종교에서도 12라는 숫자를 성스러운 곳에 많이 사용한다.

그 이유는 12라는 숫자에 있다. 시작과 끝은 하나이며, 끝이 난 후에야 다시 시작이 있기 때문이다. 12월의 끝은 새로운 시작의 알림이다. 철학적 사고를 통해 보면 공(空)은 우주의 본질이다. 그래서 '물질이 공이요, 공이 물질이다.'라고 한다. 모든 것이 끝나고 공으로 돌아가야 새로운 시작이 올 수 있는 것이다. 그래서 끝나는 12월은 모든 것을 정리하고 공에서 시작해야 한다. 좋든 나쁘든 새로운 시작이고, 그 시작을 잘 준비하는 것이 중요하다. 시작을 잘할 수 있게 해주는 가장 중요한 일은 무엇일까?

톨스토이의 단편 「세 가지 의문」에서는 '가장 중요한 때는 현재, 중요한 존재는 지금 대하고 있는 사람, 중요한 일은 그에게 사랑을 베푸는 것이다.'라고 말한다. 지금이 가장 중요한 때이고, 지금 내가 대하는 사람이 가장 중요한 분이고, 그에게 관심과 사랑을 베푸는 것이 가장 중요한 일이라는 것이다.

12월을 정리하면서 새해를 시작하는 가장 중요한 일은 바로 지금 내가 대하는 사람에게 관심과 사랑을 베풀고 모든 일에 최선을 다하는 일일 것이다.

자살 예방의 길

대한민국은 짧은 기간에 최빈국에서 세계 10위의 경제 대국으로 성장했다. 그 저변에는 1만 년 전 혹독한 빙하기를 이겨 낸 우랄산맥 동쪽과 바이칼 호수와 요하 지역에 살던 한민족(단군)의 강인한 민족정신이 존재했다. 또한 찬란한 문화를 만들어 낸 수천 년 세월의 역사가 우리나라의 과거였다. 근대 한국에서 마지막까지 국가를 추락시킨 6·25전쟁이 일어났지만 이후 국가 재건을 위해 온 국민이 합심해서 다시 일어나 이룩한 것이 지금의 현실이다. 오래전부터 강인한 생명력과 역동적 정신문화, 영적 정신을 기반으로 하는 종교 등이 자리하고 있었기 때문에 지금이 있을 수 있었다.

　하지만 국제적으로 부끄러운 부분이 있다. 바로 OECD 국가 중 자살률 세계 1위라는 오명이다. 거기다 수년간 1위 자리를 고수하고 있다는 안타까운 소식에 종교인으로서 가슴이 아프다. 그러면 어떻게 해야 자살을 막을 수 있을까? 첫 번째 과제는 강한 정신력을 키우는 것이다. 두 번째는 개인주의화되어 가는 MZ세대들이 서로 화합하며 존중하고 소통하는 문화를 만들어 가도록 하는 것이고, 세 번째는 물질 풍요 속에 사는 현대인들에게 철학적 가치관을 심는 국가적 교육이 필요하다.

우선 강한 정신력은 '안 되면 되게 하라'는 한민족의 빙하기 생존 정신이다. 현대인들의 나약함이 어디에서부터 온 것인지 분석해서 자살 방지를 해야 한다. 그리고 MZ세대들의 자살은 국가 경쟁력을 떨어트린다. 특히 청소년들의 자살률도 높다. 많은 학생이 이런저런 이유로 자살을 하고 있다. 강한 생존 의지와 투쟁 정신이 없어지고 있다. 심각한 것은 국가를 위해 목숨을 바치겠다고 입대한 군인들의 자살이다. 미국도 2001년 이후 군인 자살자의 수가 동시대 전쟁 사망자 수보다 4배가 많다고 한다. 2010년 한 해 동안에만 385명의 군인이 자살하였다. 로이드 오스틴 미국 국방부 장관도 심각성을 언급하기도 하였다. 한국도 군인 자살에 신경 쓸 때가 온 것이다.

더 나아가 노년층의 자살도 높아가고 있고, 남녀 대비 남성 자살자는 여성의 2.4배다. 풍요의 시대에 살고 있지만 가치관의 붕괴가 자살의 원인이다. 따라서 많은 자살 동기를 분석하기보

사량은 깊이 생각해서 헤아리다,
혹은 이것과 저것을 구별한다는
의미를 지니는 말이다.
이념이나 돈, 물질적 소유나
남녀관계에 너무 빠지지 않는 것이
이것과 저것을 구별하는
사량심을 버리는 것이다.

다는 가장 중요한 사랑이라는 마음에 대해 바르게 이해하는 것이 더 시급하다.

　사랑은 생각한다는 뜻이다. 사랑의 옛말인 '스랑'은『야운자경』에서 발견되는 사량(思量)으로부터 유래되었다고 한다. 사량은 깊이 생각해서 헤아리다, 혹은 이것과 저것을 구별한다는 의미를 지니는 말이다. 이념이나 돈, 물질적 소유나 남녀관계에 너무 빠지지 않는 것이 이것과 저것을 구별하는 사량심을 버리는 것이다. 그리고 사량심을 버리기 위해서는 깊이 자신을 찾는 마음 수련이 필요하다. 마음 수련을 위해서 자연과 더불어 풍류를 즐기는 것이다. 특히 복잡한 이 시대를 이겨 낼 길은 명상과 더불어 사량심을 버리는 것이다. 이것이 바로 행복의 길이고 자살 예방의 길이다.

노예제도의 진화

노예란 자신의 의지와 뜻에 따라 행동하는 것이 아니고 남의 지시하는 대로 따라 움직이는 사람을 말한다. 인간으로서의 권리와 자유 없이 주인의 지배하에 강제로 노동하며 또 상품으로 매매·양도의 대상이 되는 인간을 노예라고 한다. 그런데 과거 봉건제도 국가나 식민지 전성시대의 노예제도와는 다르게 민주화된 현실 속에서도 변화된 현대판 노예의 모습들이 수없이 등장한다.

고도의 풍요 속에서 일어나는 보이지 않는 계급투쟁이 민주주의 사회에서 자유분방한 삶을 사는 지금 세대들에게는 좀 불편한 고통으로 나타나고 있다. 세상에 진입하면서 자신도 모르게 불평등 속에서 노예가 되어 버린 것이다. 그리고 현재 열심히 사는 보통 사람들 가운데에도 자본가의 횡포에 속수무책으로 당하며 노예 같은 삶을 살다가 죽는 이들이 대명천지에 가득하다는 사실을 우리는 잘 모르고 살고 있다. 대한민국 곳곳에서 일어나는 공사 현장에서의 수많은 사고사, 배송업체 직원들의 과로사, 강제 퇴출 실직자들의 고통, 힘 있는 자 등 눈에 보이지 않는 세력에 당하는 성노예 등, 현대판 노예 형태로 인해 개인의 인권은 유린당하고 있다.

하지만 더 심각한 것은 인류가 만든 풍요 속에서 기계문명이 보이지 않게 사람들을 조종하고 노예화한다는 것이다. 예를 들면 편해지려고 차를 사지만 여기에 얽매여 차가 없으면 꼼짝 못하는 차의 노예가 되는 것과 같다. IT 기술의 발달로 모두가 편한 것 같지만 밤낮없이 정보에 노출되어 노예와 같이 긴장 속에 살고 있다.

사회 변화에서 오는 또 다른 비의도적 노예화도 있다. 타인에게는 사랑과 관심을 주지도 못하면서, 사랑하는 개의 뒷바라지를 하느라 거꾸로 개의 노예로 전락하는 사람들도 많다. 그 시간을 자신의 자유와 행복을 위해 살아가지 못하고 사람이 아닌 개에게 일생을 허비한다. 또한 모두가 자유 민주주의를 이야기하지만, 진정한 자유는 보이지 않고 돈과 권력의 노예에서 벗어나지 못하고 허울 좋은 자유를 노래하며 산다. 그리고 자연을 소유하려고 개발하지만 결국 자연의 역습으로 바이러스가 창궐하는 것을 보면 인류는 자연과 바이러스의 노예로 사는지도 모른다.

철학자 플라톤은 위대한 철인이 나타나 정치를 해야 한다고 외쳤다. 하지만 그 이상사회는 독재자가 전횡하는 세상으로 변했다. 독선적 성향의 종교나 정치일수록 현실을 유토피아로 만들겠다고 소리 높여 외치지만 그것은 달콤한 말로 사람들을 속이는 것이다. 특히 역사적으로 종교와 이념만큼 세상을 전쟁으로 타락시킨 것도 없다. 결국 허상에 이끌려 유혹에 빠지다 보면 자신과 수많은 사람의 자유는 사라지고 모두를 노예의 길로 이끌게 된다.

결국 끊임없이 노예를 착취하려는 주인과 주인이 되기 위한 노예의 끝없는 사투만이 존재한다. 우리가 노예제도에서 벗어날 때마다 해결은커녕 노예제도는 진화한다. 그러나 '나는 누구인가? 세상은 무엇인가?'라는 의문을 가지고 화두를 잘 지키고 살다 보면 진실은 우리에게 답을 줄 것이다.

모든 생명은 인연으로
순환한다. 역사도
인연으로 순환한다.
자연도 인연의 순환 속에
아름다움이 있듯이.
권력도, 재산도 인연으로
순환하기에 세상은
아름다운 것이다.
만약 순환하지 않고
영원히 지속되는
생명, 역사, 자연, 권력,
재산이 있다면 그것은
문제가 있는 것이다.

2

평화의 길

지금 한반도의 최대 화두는 평화이다.

대한민국은 긴 역사 속에서 민족 간의 통일 문제로 많은 상처를 입었지만 다시 일어나 역사를 이어 왔다. 그리고 많은 사상과 종교와 철학이 요동치며, 뜨거운 역사를 지닌 국가로 발전하여 왔다. 근대의 민주화도, 정치도 짧은 기간 동안 너무 많은 것을 겪었고 배웠다. 하지만 대한민국은 아직도 모든 것이 진행형이다.

남북은 분단되어 있고, 국민의 의식은 편협한 부분이 많고, 정치는 보수와 진보로 나뉘고, 경제는 가진 자와 없는 자로 갈라서고, 작은 땅이지만 지역 갈등은 매우 골이 깊다. 그래서인지 평화로운 시기가 별로 없었다.

'평화'라는 단어의 불교 용어를 알아보면, 산스끄리뜨로 싼띠(śānti)와 니르와나(nirvāṇa)를 말한다. 싼띠는 적멸(寂滅), 열반

(涅槃) 등으로 번역되고, 니르와나도 열반(涅槃)으로 번역된다. 즉, 불교에서는 열반이 곧 평화이다.

열반은 인연법을 깨달아야 이를 수 있고 인연법을 깨달으면 평화를 얻을 수 있다고 한다. 쉽게 말하면 모든 것은 상호의 존적이어서 독립적인 것은 없고, '이것이 있기 때문에 저것이 있고, 이것이 일어나기 때문에 저것이 일어난다'는 인과법을 알고 서로를 존중하는 것이 평화라는 것이다. 내가 폭력을 쓰면 나중에 그 과보로 고통을 받고, 상대방을 괴롭히면 나중에 그 과보로 나도 괴롭힘을 받으니 서로 화합하고 이해하라는 것이 인연법의 평화 사상이다.

모든 생명은 인연으로 순환한다. 역사도 인연으로 순환한다. 자연도 인연의 순환 속에 아름다움이 있듯이 권력도, 재산도 인연으로 순환하기에 세상은 아름다운 것이다. 만약 순환하지 않고 영원히 지속되는 생명, 역사, 자연, 권력, 재산이 있다면 그것은 문제가 있는 것이다.

그리고 진정한 진리는 모든 것을 받아들이기에 더욱 아름다운 것이다. 상대를 배척하는 정치 이념이나 사상, 종교, 철학이 있다면 그것은 진리가 아니니 우리에게 평화를 주지 않을 것이다.

평화의 반대말은 폭력이다. 평화를 파괴하는 주범이 폭력이기 때문이다. 지금 이 순간에도 지구 도처에서 폭력과 테러가 자행되고 있다. 폭력을 논할 때 빠지지 않는 단어가 '비폭력'이다. 간디의 비폭력 평화 사상, 즉 아힘사(ahiṃsā)는 불해(不害), 불살생(不殺生)의 뜻을 갖고 있다. 남을 해치지 않는다는 것이다.

과거 인류에게 평화가 있었을까? 평화로웠다면 종교는 생겨나지 않았을 것이다. 인간이 겪은 참혹한 전쟁으로 인한 살상과 고통이 너무 커서 수천 년 전부터 사람들은 이 어지러운 세상에 구원자를 찾았다. 불교에서는 그 구원자를 미륵불이라고 칭한다. 산스끄리뜨는 마이뜨레야(Maitreya)이다. 서양에서 구원자를 뜻하는 단어 메시아(Messiah)와 유사하다. 어떻든 마이트레야는 자비라는 뜻이다. 미래의 구원자는 자비와 사랑으로 우리에게 온다는 뜻일 것이다.

조국의 통일과 평화는 우리 민족끼리 지혜를 모아 해결하는 것이 최선이지만, 한반도의 지리적 문제는 강대국의 입김이 절대적이라 어쩔 수 없는 상황이 전개되는 것이 한반도 우리의 현실이다. 하지만 서두르지 말고 지략을 내어서 미래의 최강국이 될지 모르는 과거의 껄끄러운 동반자 중국과도 잘 지내고, 현재의 세계 최강국 미국과도 잘 지내는 것이 한반도가 할 수 있는 최선의 선택이다. 과거의 많은 한민족 전쟁의 역사가 우리에게 그것을 가르쳐 주었다.

더 나아가 대한민국이 진정한 평화의 나라가 되고 싶다면 한반도는 스위스와 같은 중립국 선언을 하는 것도 고심해 볼 만하다. 어려운 길이지만 인류사에 오래 남을 마지막 길일 것이다.

인간도 자연의 일부이다.
아무리 자연을 정복하려고 하여도
결국은 자연의 거대한 품 안에서
그곳이 정복의 대상이 아니라
자신이 태어난 어머니의
품 안이라는 것을 알아 가는 것이
삶의 깨달음일 것이다.

동토의 땅이 녹는 봄소식

시베리아 한파가 전국을 꽁꽁 얼어붙게 했다. 부산과 여수마저 기온이 영하 10도까지 내려가니 남쪽 따뜻한 지역에 사는 사람들에게는 웬 날벼락인가 싶었을 것이다. 중부 지방은 영하 20도를 넘은 곳이 있었다. 북한의 추운 곳은 영하 30도가 넘었을 것이다.

겨울이 오나 싶더니 몇 개월간 추위가 기승을 부리다가 살며시 다가온 봄바람에 추위가 날아가고 대지가 녹으며 개울가에 졸졸졸 물소리와 함께 물고기와 개구리가 기지개를 켜며 잠에서 깨어났다.

자연의 순환은 참 아름답다. 인간도 자연의 일부이다. 아무리 자연을 정복하려고 하여도 결국은 자연의 거대한 품 안에서 그곳이 정복의 대상이 아니라 자신이 태어난 어머니의 품 안이라는 것을 알아 가는 것이 삶의 깨달음일 것이다.

역사의 순환도 예외는 아니다. 과거 전제주의에서 왕권은 사라지고 사회주의로, 공산주의로, 자본주의로, 민주주의로 이어지며 역사는 순환했다. 그러나 공산주의를 탄생시킨 서방에서조차도 공산주의가 사라졌으나 유독 한반도에서만 역사의 순환이 막혔다. 냉전의 산물인 조국의 겨울은 반세기를 거치며 민족 간의 갈등과 아픈 전쟁들이 세계의 주목을 받았다.

한민족은 같은 민족이면서도 반만년의 긴 세월 동안 여러 나라들로 쪼개져서 수많은 전쟁을 해왔다. 어렵게 통일을 이뤘지만 이제는 다시 두 개의 국가로 갈라졌다. 남한과 북한이 삼팔선이라는 긴 장벽을 쌓고, 과거 소련이 서방 국가와 비공산 국가의 접촉을 막기 위해 쌓은 철의 장막을 이 땅에도 설치하고 지금까지 대치 중인 것이다.

그러나 통일은 한민족의 소원이고 오랜 소망이라 다급한 마음으로 갈망한다. 이제는 긴 갈등의 역사를 간직한 대한민국에서 벗어나 하나라는 공동체의 민족 국가가 들어설 때가 올 것이라는 큰 기대감을 가지고 고대하고 고대하던 남북 화해의 소식을 기다렸다.

그 간절한 소망이 이뤄진 것이 2018년 3월 북한을 방문한 대북특사단의 소식이었다. 더욱이 대북특사단은 미 대통령 트럼프에게 북한 김정은 위원장의 친서를 전하고 트럼프 대통령과 김정은 위원장이 만나기로 했다는 역사적인 소식까지 들을 수 있었다. 그 전까지만 해도 우리나라는 전 세계가 주목하는 핵전쟁 위험 국가로, 북한이 미국을 향해 미사일 시험 발사를 하면서 미국과 북한의 지도자는 서로를 비난하는 일촉즉발의 상황이었다. 세계는 한반도의 긴장이 고조됨을 연일 보도했고, 금방 핵전쟁이 일어나서 금수강산 한반도가 역사 속에서 가장 추한 땅이 되나 하는 긴박감 속에 있었다.

하지만 평창올림픽을 기점으로 얼었던 동토의 땅이 녹는 봄소식이 들렸다. 마치 얼었던 수도가 터지듯 기쁜 소식들이 쏟아져 나왔다. 김정은 위원장은 남북 대화를 요구했고, 미국과의 대화에서는 비핵화로까지 가는 발언과 한미 군사훈련 자체도 수긍하는 큰 틀에서 북미 협상을 요구하였다. 특히 남북 두 정상이 판문점에서 만나 남북 협상 테이블을 연 것 등 모두가 파격적인 모습이었다.

과거 독일의 베를린 장벽이 무너진 사건이 어느 날 봄눈 녹듯이 일어났던 것처럼 대한민국도 소리 없이 찾아오는 봄소식같이 남북 대화의 물꼬를 트는 기회가 찾아왔었던 것이다. 아무쪼록 민족의 염원인 통일이 빨리 오도록 간절히 바라는 마음이다.

인류의 종교, 정신적 자유

모든 것은 시작할 때 올바른 뜻과 진리에 입각해서 시작되어야 후대에 많은 폐해나 어지러운 현상이 일어나지 않는다. 동식물도 좋은 유전인자를 갖고 태어나야 잘 성장한다. 세상살이도 그와 같다고 본다. 잘못된 철학이나 사상, 혹은 종교를 선택할 때 인류는 엄청난 피해와 고통을 감수하여야 한다.

영국의 유명한 역사학자 아널드 토인비(Arnold J. Toynbee, 1889~1975) 박사가 죽기 전에 마지막으로 인터뷰한 유명한 언론사와의 대화가 있다. 기자가 "20세기에서 가장 역사적인 사건이 있다면 무엇인가요?"라고 질문하자 토인비 박사는 "불교의 서양 전래입니다."라고 대답하였다고 한다.

20세기에는 수많은 전쟁이 발생하였다. 이념이나 종교, 인종의 차이를 앞세운 전쟁이 끊이지 않았다. 국제 사회는 세계 평화를 도모하고자 유엔을 만들었고, 과학과 기술은 전 분야에 걸쳐 급격한 발전을 이루었다. DNA라는 유전 물질을 증명하였으며, 그 구조를 밝혔다.

물리학 분야에서는 알버트 아인슈타인(Albert Einstein, 1879~1955)이 상대성 이론을 발표하여 물리학의 패러다임을 송두리째 바꾸었다. 로켓 공학과 무선 통신의 발달, 그리고 컴퓨터의 출현에 힘입어 인류는 처음으로 우주 공간으로 나갈 수 있었다.

20세기에는 새로운 기술을 바탕으로 한 도구들이 등장하기도 하였다. 비행기, 냉장고, 라디오, 텔레비전, 인공위성, 컴퓨터, 휴대폰 등 20세기와 그 시기의 발명품들은 오늘날에도 일상생활에 큰 영향을 주고 있다.

격동의 시대인 20세기에는 1차 세계대전과 2차 세계대전, 공산주의와 민주주의의 대립, 컴퓨터의 상용화 등 수많은 일이 있었지만 왜 토인비 박사는 서양에 불교가 전래된 것에 가장 큰 방점을 두었던 것일까? 그것은 서양의 정신세계가 불교적 철학과 사상을 바탕으로 흐를 것이라고 예언한 말로도 해석할 수 있다.

2,700년 전 인류 사회에는 수많은 종교와 철학 사상들이 있었다. 하지만 생명에 대한 정확한 답 없이 대부분 어떤 창조주의 산물로 보아 왔고 사람들은 각자의 신과 우상의 대상을 만

주의 산물로 보아 왔고 사람들은 각자의 신과 우상의 대상을 만들어 구원을 찾아 기도하면서 위안으로 삼고 살아왔다고 볼 수 있다. 대한민국도 마찬가지였다.

하지만 뛰어난 깨달은 선지자들은 많이 존재하였다. 그중에서도 인도에서 태어난 고타마 싯다르타는 세계인들의 일반적 생각인 유일신이나 다신관 등 공통 관념인 신의 창조설에 의문을 갖고 오랜 공부와 가장 높은 단계의 수행을 통해서 우주의 진리를 깨달았다. 그 후 수천 년간 불교 철학은 동양권에서 크게 부흥하여 현재에 이르렀다.

세계 불교 국가간의 공식적인 합의에 따라 2021년은 싯다르타가 태어난 지 2,645년째 되는 해이다. 우리의 생각으로는 2,700여 년이라는 시간이 길게 보일지도 모른다. 하지만 시공을 초월한 진리의 입장에서 바라보면 잠시 지나간 시간일 수도 있다. 미래의 시간도 그렇다.

21세기 역시 잠시 지나갈 것이다. 많은 학자가 미래의 세대에는 급속도로 발전한 새로운 문명이 등장한다고 여러 가지 세계사적 원인과 과학의 발달을 들어 설명하고 있다. 냉철한 역사적 관점에서 보면 동양의 문명이 다시 세계를 지배할 것이라는 생각은 나 역시도 동의한다. 더 이상 서구적 물질관이나 종교관은 인류를 구원할 수 없기 때문이다. 그동안의 역사가 그것을 증명하였다.

우리도 이제 물질의 노예나 신의 노예에서 벗어나 정신적인 자유를 누릴 수 있는 권리가 있지 않겠는가 하는 생각을 해본다. 그리고 그것은 올바른 동양사상과 불교적 사상이 일어날 때 가능한 일이다. 아인슈타인도 자서전에서 예견하였다.

그러나 한국불교는 병들어가고 있다. 빨리 치료하지 않으면 심각한 중병에 시달릴 것이다. 아니, 지금도 중병의 상태이다. 정법(正法)으로 다시 되돌려 세계 사조에 따라가야 할 것이다. 서구적 불교가 역수입되는 수치스러운 모습을 보이지 말고, 양심적인 성직자라면 모든 국민에게 정신적, 종교적 자유를 줄 때이다.

누구보다 당신을 사랑합니다

추운 봄바람에 빨간 꽃을 피우는 동백꽃을 보면 과거 나의 가슴을 저리게 했던 한 도반이 생각난다.

짝사랑하는 여인이 있었다. 연상의 여인이었다. 그 여인은 스님을 멀리했고, 스님은 어느 추운 봄날 먼저 가신 어머님 무덤 옆에 누워 약을 먹고 저세상으로 갔다. 삶의 외로움을 안고 어머님 품으로 간 것이다. 자신의 고통을 잊고 '나는 누구인가'를 알기 위해 절에 왔고, 사랑으로 세상을 구원하자고 수행하던 도반은 왜 돌아가신 어머니 곁으로 갔을까? 착하디착한 그의 마음을 찢어 놓은 건 누구인가? 그 연상의 여인을 알고 보니 그것도 아니었다.

그의 마음은 동백꽃이 잘 말해 주고 있다. 동백꽃 꽃말은 "청렴, 절조, 희망, 누구보다 당신을 사랑합니다."이다. 자신의 청렴과 절제를 지키던 한 수행자의 희망은 모든 이웃에 대한 사랑이었다. 그러나 세상은 자신의 사랑을 보지 않았고, 그 사랑의 원천이 어머니이기에 어머니만이 그를 이해할 거라 믿고 어머니 곁으로 갔다고 본다. 그래서인지 차가운 봄바람이 불고 동백꽃이 떠오르면 가슴이 아리다.

세상은 모두가 바쁘게 돌아가고 있다. 부모는 아이들을 키우기 위해, 학교는 아이들을 가르치기 위해, 이웃은 각자 자신들의 행복과 각자의 아만으로 가득 차서 산다. 사회는 약육강식의 살벌한 전쟁터이다. 국가들은 자국의 이익을 위해 전쟁도 불사한다. 이런 아집의 세상에 동백꽃의 꽃말 중 "누구보다 당신을 사랑합니다."라는 말은 너무나 위로가 되는 말이다.

또한 울릉도의 동백꽃에 얽힌 사랑 이야기는 너무나 슬프다. 아내는 배를 타고 떠난 남편을 기다리고 기다리다 지쳐 죽었다. 그녀는 남편이 돌아오는 배를 볼 수 있는 산언덕에 묻어 달라고 했고, 어렵게 돌아온 남편은 무덤가에서 자기를 기다리고 기다리다 죽은 사랑하는 부인을 애타게 부르며 울었다. 그리고 당신만을 사랑한다고 흘린 눈물이 동백꽃이 되었다고 한다. 당신만을 사랑한다는 이 아름다운 말을 간직한 동백꽃이 우리의 삭막한 마음을 달래 준다.

지금 한국은 지방자치단체 선거와 여야 정치 싸움으로 국민의 행복과 평안은 아랑곳하지 않고 서로 싸우며 매우 혼란스럽다. 남북의 긴장 상태, 북미의 갈등, 중미의 갈등 속에 한 치 앞을 보기 힘든 시기이다. 서로를 미워하고 싸우는 세상에서 아름다운 마음을 간직하는 길은 어디에 있을까?

그러나 그 답은 영원히 나오지 않을 수도 있다. 하지만 나 한 사람이라도 동체대비(同體大悲)의 마음으로 세상을 향해 "사랑합니다."라고 외칠 때 그 소리는 메아리가 되어 세상을 아름답게 만들 것이다.

한민족의 뿌리, 단군

얼마 전 일본에서 한인계 초등학교를 나온 러시아 대학교수를 만났다. 그는 자신은 초등학교 때부터 학교에서 『천부경』을 배워서 지금도 외운다고 자랑을 하고 단군에 대해서 한민족의 개국 시조며 우리의 국조(國祖)라고 확신한다고 하였다. 그 이야기를 듣고 나 자신이 부끄러운 생각이 들었다.

과거 내 기억 속에서는 초·중·고등학교 다닐 때 학교에서 단군상을 많이 보아 왔다. 그러나 지금은 우상이라는 핑계로 전부 부서져 버려서 작금의 대한민국은 무슨 일이 진행되는가 하는 걱정과 우려가 일어났었다. 단군은 신화이기에 없애 버린 것인가? 그럼 한민족의 정체성은 어디서부터 찾아야 하는가 하는 고민에 빠져 버렸다. 그러던 중 러시아 교수와 시베리아를 여행하면서 한민족의 뿌리에 대해 많은 것을 배우게 되었다.

바로 한국보다 러시아나 동유럽, 중앙아시아 국가 등에서 한민족의 뿌리와 고대사를 더 많이 연구하고 증명하고 있다는 것이다. 대한민국은 일본 식민사관과 종교적 문제, 남북 적대 행위 등으로 우리의 정체성을 논하는 것을 학자나 정치인들이 금기시했다.

고대 그리스의 신화를 엮은 대서사시 『일리아드』와 『오디세이아』 두 권의 책은 신화 속 트로이전쟁을 다룬 것이다. 그러나 독일의 슐리만(Schliemann, 1822~1890)의 끈질긴 추적으로 트로이의 목마를 비롯한 많은 전쟁과 영웅들의 이야기가 신화가 아니라 역사의 사실이라는 것을 발굴하고 증명하였다. 현대의 고고학자들은 신화를 역사의 사실로 찾아보는 것이 정설로 여겨지고 있다고 한다.

그러나 한국 강단사학자들만은 우리의 장구한 역사를 신화라고 치부하고 있다. 단군의 역사를 믿지 않고 많은 고고학 발굴이 있는데도 국가는 국가대로, 지방자치단체는 지방자치단체대로 무관심한 태도로 일관하는 것을 보면 어처구니없는 현실에 가슴이 아프다. 종교인들은 자신들의 믿음과 배치된다고 무시하고 파괴하며, 북한이나 조총련계 쪽에서 연구한 것을 편들면 좌파 빨갱이로 오인당하니 누가 연구하고 누가 교육적으로 혹은 문화나 정치적으로 말을 하겠는가?

건국신화는 국가나 민족의 정체성을 찾고 확인하는 근거가 된다. 하지만 우리 사회 일부에서는 신화라는 용어에 대해 비현실적인 이야기요, 허구 또는 거짓말이란 뜻으로 간주하는 경향들이 많다. 그러나 중국은 삼황오제의 전설과 신화 중에서 그 일부를 사마천이 저술한 『사기』에서 정사(正史)로 만들어 우리 민족의 역사를 자기들의 역사로 억지로 구겨 넣어 동북공정에 나서고 있다.

현재 우리 사회는 혼돈의 시기를 지나 사회 정의와 역사 바로 세우기를 하고 있다. 모든 분야에서 잘못을 인정하고 다시 태어나는 산고의 시기인 것이다. 여러 개혁 정책과 역사의 바른 인식이 진행 중이다.

그런데 가장 결정적인 민족의 정신적 정체성을 말하고 개혁하려는 의지나 노력은 하지 않고 관망하는 모습들이다. 우리 민족의 정체성은 무엇인가? 이미 알고 있는 세력도 많지만, 보수나 진보 등 모두가 고양이 목에 방울 달기를 싫어한다. 그러나 그들 역시 정체성의 방황 속에서 살아가고 있다고 본다. 더 미루지 말고 국가와 사회, 정치, 문화, 교육계 등이 앞장서서 민족의 정체성 찾는 길에 나서야 할 때가 아닐까.

단군이 즉위한 해를 원년으로 한 단기(檀紀)는 조선 시대의 역사서 『동국통감(東國通鑑)』에서 고조선의 건국을 요 즉위 25

년 무진년으로 본 것에 근거하여, 단군 원년을 BC 2333년으로 정한 것이다. 그러나 5·16군사정변으로 군사정부가 집권한 뒤인 1962년 1월 1일부터 단기 사용을 중지시키고 공식적으로는 서기만을 쓰고 있다. 여기서부터 민족의 정체성이 혼란을 겪고 있다고 본다. 혹자는 세계화에 뒤늦게 민족주의가 뭐냐고 한다. 하지만 열린 민족주의 개념으로 자기 민족과 동등하게 다른 민족과 그들의 문화를 존중하는 과정에서 국가와 민족 문화가 바로 서는 것이다.

남녀평등의 해결

💭💗

요사이 언론에 가장 많이 등장하는 것이 성추행이나 성폭력으로 인한 갈등이다. 얼마 전 만난 한 공무원은 요사이 남녀 직원끼리 모인 저녁 회식이 사라졌다고 투덜거렸다. 성추행에 연관될까 봐 아예 회식 등의 자리를 없애 버려 사전 예방 조치한다고 말한다. 그래서 직원들 사이의 인간관계는 물론이고, 젊은 직원들간 연애가 쉽지 않아 결혼이 어려워 시집 장가가기도 힘들다고 한다.

이런 성별간 갈등은 남녀 간의 불평등을 만든 종교나 사회적 제도에서 생긴다. 그 원인은 여러 가지가 있다. 종교적 관습으로 남성 우월주의가 생겨났고, 특히 이슬람교는 매우 심각하다. 다음으로 기독교나 유교 등 많은 종교가 그렇다. 하지만 불교는 남녀 차별이 없다. 가톨릭에서는 수녀가 성당 주인이 될 수가 없으나 불교는 여자 스님이 사찰 주지직을 수행할 수 있다. 그리고 각 나라의 문화적 차이 때문에도 성추행이라는 말이 나올 수 있다고 본다. 외국에서는 인사할 때 볼에 키스를 하지만 한국에서는 결례이다.

종교가 생기기 이전에는 모계사회였다고 한다. 모계사회에서는 가정불화나 성추행, 성폭력, 남녀 간의 싸움, 고부간의 갈등 등, 수많은 현대의 골칫거리가 없다고 한다.

석기 시대에는 아이들을 낳고 키우는 주체인 어머니가 중심이 되어서 어머니 쪽을 중심으로 혈통이 이어지는 사회였다고 한다. 하지만 모계사회라고 해서 여성이 남성을 지배하지는 않았다. 누가 누구를 지배하는 게 아니라 살아가기 위해 서로 돕고 사는 사회였으리라 본다.

현대에도 모계사회가 남아 있는 곳이 있다. 중국 윈난성의 모소족은 모계사회로 유명하다. 그리고 그곳은 고부갈등, 성추행, 성폭행, 가정불화가 없다고 한다. 그들은 남성과 여성이 결혼해도 한집에 살지 않는다.

모소족에게는 남녀가 여자의 방에서 만나 사랑을 나누는 이성교제는 있어도, 부부가 되어 가정을 이루는 결혼제도는 없다. 자식의 아버지는 없고 어머니뿐이다. 남녀가 사랑하는 사이라 하더라도 상대방을 구속할 수 없는 것이다. 남녀관계는 밤이 되면 남자가 여자 집을 찾아 창문에 신호하는 것으로만 성립된다. 이런 관계는 며칠, 몇 달, 몇 년, 심지어 평생을 가기도 한다. 부계사회의 관념에서 보면 모소족의 결혼제도가 참 편리할 것이라 생각될 수 있지만 그렇지는 않다. 창문을 열어 줄지 말지는 전적으로 여자가 결정권을 행사하기 때문이다.

한국도 삼국 시대, 통일신라 시대, 고려 시대까지는 여성이 호주가 될 수 있었다. 또한 성별에 관계 없이 균등하게 상속을 받고, 제사를 집행하는 제사장 등을 할 수 있었다. 우리나라 최초의 여왕은 신라 시대 선덕여왕이었고, 화랑제도의 원조인 원화제도 역시 여성의 모임이었다. 그러나 조선 시대 이후 유교 중심으로 국가가 운영되고 불교를 박해하면서부터 여성 차별이 시작되었다.

그리고 전 세계의 고대문화에서 보면 여성상이 많이 존재했다. 중국 우하랑 한민족 홍산문화 유적지에서는 5천 년 전의 여신 묘가 있다. 한국은 창조신 마고 여인이 있고, 외국에서도 발굴된 많은 여성상 등이 고대에는 모계사회였다는 증거들이다.

그러면 이 시대에 남성과 여성의 위치는 어디까지 왔나? 그 답은 우리 스스로가 잘 알 수 있을 것이다. 부족하다면 사회나 언론의 의식 구조 문제이거나 법률과 정부의 과잉 대응이 문제일 것이다. 여성을 보호의 대상으로만 보는 것이 아니라 남녀 평등한 주체의 대상으로 보아야 한다. 여성가족부라는 기관명 대신 가족청소년부로 변경하는 등 이런 피지배자로서의 여성 성차별법을 재정비하고, 글로벌 시대에 맞게 인사법도 개방하고, 여성을 약자로만 보는 남녀 성평등법 등을 개선하는 것이 중요하다고 본다.

정식 국화와 국가가 없는 나라

현재 미국, 중국, 소련, 일본이 한반도에 군사력이나 경제력으로 힘을 과시하며 과거 제국주의의 망상에 사로잡혀서 작은 나라들을 업신여기는 모습들이 여기저기서 나타나고 있다. 현대의 국제 관계는 경제적 폭거를 경제전쟁이라 칭한다. 그 대표적인 사례가 얼마전 일어난 일본의 한국에 대한 무역 규제 조치이다. 중국이나 미국도 군사력과 경제력을 이용해서 길들이기 행위를 저지르며 한국을 자국의 지배력 아래에 두려고 하고 있다.

이럴 때일수록 한민족이 긴 역사 속에서 강대국과 싸워 오던 투쟁 정신과 끈질긴 저항 의식으로서 다시 한 번 한반도를 반석(盤石) 위에 올려놓을 때가 아닌가 생각한다. 그러기 위해서는 국민정신을 하나로 뭉치는 계기가 가장 중요할 것이다. 국민통합의 정신을 만들 수 있는 것들이 여러 가지가 있겠지만 우선 한민족의 긴 전쟁 역사를 이겨 낸 민족정신을 정립하여 바로 알리고, 대한민국의 표상으로 법률이 정한 국가(國歌)와 국기(國旗), 국화(國花)를 바로 세워야 한다.

하지만 아직 대한민국은 법률로 지정된 국가와 국화가 없다. 현재 사용하고 있는 안익태 선생의 애국가는 법률로 지정한 정식 국가가 아니다. 또한 무궁화도 법률로 지정된 나라꽃이 아니다. 이러할진대 어떻게 나라가 통합되고 편안할 수 있겠는가?

우리가 부르고 있는 애국가는 법률로 지정된 국가가 아니라고 하면 무슨 말도 안 되는 소리를 하느냐고 욕을 먹는다. 어처구니없는 일이다. 국민 대부분은 잘 모르고 있지만 '애국가'라는 제목이 붙은 노래는 여러 곡이 있다. 하지만 그냥 관행으로 안익태 곡을 불러오고 있으며, 심지어 저작권이 2005년까지 안익태 선생 유족에게 있는 것으로 알려져 한 차례 논란이 일어난 바 있다. 더구나 안익태의 친일·친나치 행적이 적나라하게 드러났다. 프랑스에서 보면 사형감이다. 더욱 가관인 것이 애국가라는 곡 자체가 불가리아 곡을 표절한 것이라는 것이다.

안익태 선생은 자신이 일본 황실 음악을 주제로 작곡한 〈에텐라쿠(월천악)〉와 일본이 만주국 건국 10주년을 기념해 작곡한 〈만주환상곡〉 등을 주로 지휘했다. 또한 일본 황기 2600년을 기넘해 안익태의 스승이자 친나치주의자였던 슈트라우스가 작곡해 헌정한 〈일본축전곡〉을 주로 연주하고 고향 평양을 속이고 도쿄 태생인 '에키타이 안'으로 살다 해방 후 스페인에서 죽은 친일·친나치 음악가이다.

또 한 번 어이없는 일은 무궁화 역시 법률로 지정된 꽃이 아니라는 것이다.

우리나라의 무궁화에 관한 가장 오래된 기록은 중국 지리책『산해경(山海經)』에 있는 "군자의 나라에 무궁화가 많은데 아침에 피고 저녁에 지더라."라는 기록이다. 또한 중국의『고금기(古今記)』에는 "군자의 나라에는 지방이 천 리인데 무궁화가 많이 피었더라."라고 하는 등 많은 기록이 있다. 이상에서 보더라도 최소한 4세기 중엽의 한국에는 가는 곳마다 무궁화가 만발했던 것을 알 수 있다. 이렇게 볼 때 무궁화가 한국 자생인 것으로 믿을 만하다. 현재 무궁화를 대한민국 국화로 지정하기 위한 법률안이 심대평 의원을 대표로 발의되었으나 각 정당과 개인의 이익을 위해 국회의원들은 싸우며 세월을 보내고 있다. 현재도 국회에 상정되어 계류 중이다.

일본 만주국 토벌대에 앞장서서 독립군들을 죽인 일본 육사 출신들과 일본 유학파들은 해방 이후 한국의 정치와 법조계, 공무원, 교육과 종교, 경제, 사회, 언론, 예술계 등의 각 대표를 장악했다. 그러다 보니 애국자 가족들은 가난하게 땅바닥에 앉아 광복을 맞고 살아왔다. 하지만 위정자들은 높은 빌딩과 평상에 앉아 국론을 분열하였고, 선량한 국민만이 죽기 살기로 나라 살리자고 밤낮을 가리지 않고 공부하고 일하고 애국하며 이 나라를 일으켰다.

　이제라도 늦지 않았다. 국가를 바로 정하여 온 국민이 국가를 부르며 감동과 눈물이 나도록 해야 하며, 국화를 국회에서 통과시켜 보급하여 민족혼을 알려야 한다. 친일파들을 철저하게 가려내는 작업은 애국시민들께 맡겨야 한국이 반석 위에 우뚝 선 흔들리지 않는 세계 일등국으로 일어날 수 있을 것이다.

태극기와 주역,
우리 국기에 담긴 중국 사상

💬

『주역』은 중국에서 가장 오래된 경전인 동시에 가장 난해한 글로 일컬어진다. 공자가 극히 중요하게 여겨 받들었던 책이다. 그리고 이 책은 점괘를 위한 원전과도 같은 것이며, 동시에 어떻게 하면 조금이라도 나쁜 운을 물리치고 좋은 운을 잡느냐 하는 세상의 지혜이자 나아가서는 우주론적 철학이라고 한다. 주역(周易)이란 제목은 글자 그대로 주(周)나라의 역(易)이란 말이었지만 주희가 '역경(易經)'이라 이름하여 숭상한 이래로 『주역』은 오경의 으뜸으로 손꼽히게 되었다.

이렇듯 『주역』은 중국에서 길흉을 점치는 경인데, 그 내용을 그대로 받아들인 것이 대한민국 태극기라는 것은 어처구니없는 일이다. 과거 중국 사대주의적 사고에서 벗어나지 못하는 근시안적 생각으로 대한민국 국기에 중국 사상을 몽땅 집어넣고 온 국민이 무언지도 모르고 흔드는 웃지 못할 과오를 범하고 있다.

세계 열강 국가의 국기를 조사하여 보면 자국의 역사와 사실을 상징화하여 만들었기 때문에 어린이들도 국기에 담긴 뜻을 쉽게 알 수 있다.

프랑스 국기는 자유·평등·박애를 상징하는 것으로 유명하다. 이 삼색기는 프랑스혁명 당시 바스티유를 습격한 다음날 국민군 총사령관으로 임명된 라파예트가 시민에게 나누어준 모자의 표지 빛깔에서 유래하였다.

미국의 국기인 성조기에 있는 적색 및 흰색의 13개 줄은 영국에서 독립할 때의 주의 숫자를 상징하고, 50개의 별은 알래스카와 하와이를 포함한 현재 주의 숫자를 상징한다.

유니언 잭(Union Jack)이라고 부르는 영국의 국기는 잉글랜드와 스코틀랜드, 북아일랜드 3개국의 기를 서로 합쳐서 만든 것이다. 현재 영국 국기는 십자 모양과 대각선 모양이 합쳐진 것인데, 가운데 붉은 십자가는 잉글랜드를, 흰색 사선 십자가는 스코틀랜드를, 적색 사선 십자가는 아일랜드를 상징한다.

독일은 검정·빨강·노랑인 삼색기이다. 검정은 인권 억압에 대한 비참과 분노를, 빨강은 자유를 동경하는 정신을, 노랑은 진리를 상징한다.

캐나다는 양쪽의 빨강은 태평양과 대서양을 나타내고, 11개의 각이 있는 빨간 단풍잎은 이 나라의 상징이다. 빨강과 흰색은 영국의 유니언 잭의 색에서 따온 것이며 국가 색으로 사용하였다.

호주 국기의 왼편 위쪽에 보이는 영국 국기는 영국과 호주가 전통적으로 유대 관계가 있다는 것을 알려준다. 영국 국기 바로 아래에 있는 7각의 큰 별은 호주 연방을 구성하는 6개의 주와 기타 영토를 의미한다.

이런 의미가 담긴 국기는 아시아에서도 찾아볼 수 있다. 일본 국기의 둥근 모양은 태양을 의미하며, 중국의 오성홍기에 그려진 5개의 별은 공산주의를 의미한다. 좌측의 커다란 별은 공산당을 의미하며 작은 별은 각각 노동자, 농민, 학생, 지식인을 상징한다. 또한 국기의 빨간색은 혁명, 노란색은 공산주의의 밝은 미래를 나타낸다.

이상에서 보듯이 세계 어느 나라든 국기는 자국의 역사적 사실과 이상을 상징하는 모양과 색깔을 쓰고 있다. 그러나 태극기는 한국의 요소들은 하나도 나타나지도 않고 음양 이론과 건곤감리의 괘를 나열하여 추상적이고 난해해서 국민들이 잘 알지를 못한다.

이제 우리나라도 새로운 역사를 쓰기 위해서는 대한민국

국기를 바꿀 때가 되었다. 또한 아직 국회에 계류 중인 무궁화의 국화 지정을 법제화하고, 불가리아 곡을 표절한 친일·친나치 음악가인 안익태 작곡의 현 애국가도 바꿔야 위대한 대한민국이 될 것이다.

한반도의 새로운 역사 인식

많은 고대문명 국가들이 과거 긴 역사 속에서 나타났다 사라졌다. 그중에는 바닷속으로 사라진 나라, 땅속으로 사라진 나라, 그리고 전쟁으로 다른 민족들에 합쳐진 나라 등 우리들의 기억 속에서 사라진 나라와 민족들이 수없이 많이 있었다. 지금은 문명의 발달로 하나둘씩 과거 역사들이 발견되고 있다.

초고대 문명국인 무(Mu) 대륙과 아틀란티스, 그리고 마고 문명, 홍산 문명 등 많은 문명이 부흥되었다 사라졌지만 지금 하나씩 발견되고 있다. 세계 4대 문명인 황하 문명, 메소포타미아 문명, 인더스 문명, 이집트 문명 등이 있었으나 대한민국의 자부심은 마고 문명, 홍산 문명으로 이어진 초고대 문명국으로서 오뚝이처럼 살아남아 사라지지 않은 국가라는 것이다.

대한민국은 아직도 한국 고대 문명사의 뿌리에 대해서 국가적으로 정리된 것은 별로 없다. 그런 관점에서 한민족의 현 문제를 진단하면서 바른 역사의식을 갖고 어떤 문명 속에서 한국의 정체성을 찾는가 하는 연구는 새로운 시대를 열 수 있는 중요한 과제이다.

특히 인류문명의 뿌리로서 마고 문명이라는 명제는 그동 안 많은 학자들에 의해서 연구되어 왔다. 그것과 결부해서 참선 하는 여성의 조각이 발견된 홍산 문화 유적의 발굴을 같이 조명 한다면 오랜 역사를 지닌 단학이나 명상 수련으로 살아온 한민 족에게는 중요한 부분을 발견하는 일일 것이다.

현재 중국에서 발견된 흑피옥(黑皮玉) 조각상을 통해 바라 본 마고 문명은 매우 흥미롭다. 중국의 원로 고고학자인 백악 (전 길림대 고고학부) 교수는 2000년 6월, 그간의 연구를 통해 이 흑피옥 유물 표면이 철, 구리, 인, 크롬, 니켈, 망간, 티타늄, 수 은, 탄산칼슘, 코발트, 갤린 등 35개 원소를 섞은 '광물성' 흑피 로 도색되었음을 처음 밝혀냈다. 그리고 서울대 '정전가속기 (AMS) 연구센터'의 연대 측정 결과 이 조각상은 지금으로부터 14,300년 전의 것으로 추정했다. 이러한 연구 결과가 발표되고 있는 지금이 인류문명의 뿌리를 재조명할 때라고 생각한다. 유 럽의 역사에서도 슐리만이 고대 트로이의 유적을 발굴하기 전 까지 트로이는 신화에 지나지 않았다.

이제 늦었다고 생각할 지금이 바로 한국 역사 바로 세우기에 중요한 시기이다. 일본의 역사 왜곡은 극에 달했고, 벌써 중국의 역사 왜곡과 동북공정은 시작되었다. 우리도 오랜 세월 사대주의 속에서 살아왔다는 것은 부인할 수 없는 사실이다. 특히 지금 심각한 것은 한국 내 역사 왜곡의 주인공인 원로 일본계 강단사학자들의 한국 고대사 왜곡이다. 그리고 현재 대한민국 국민들은 자존심을 버리고 한 조각의 빵과 권력 다툼으로 눈이 어두워져 있다. 정부나 국회는 이런 중요한 한민족 뿌리 정리에 대해 국민의 알 권리를 회피하고 있다. 한편으론 종교 갈등, 남북 관계 대치, 강대국 간섭 등도 원인이 될 수 있다. 많은 문제점들을 안고 살아가고 있지만 이제는 한민족의 자주성을 찾기 위해 역사 바로 세우기에 온 국민이 앞장설 때가 아닐까.

그 첫 번째 시작이 삼성궁(三聖宮, 동이삼조東夷三祖 환인, 환웅, 단군을 모신 궁)과 단군 성전, 마고궁(麻姑宮) 등의 국조전 건립과 단군 역사 박물관, 민족역사교육관 등의 시설 건립이다. 이를 통해 위대한 한민족 홍보에 앞장서야 한다. 정부와 국회, 지방자치단체, 학계, 교육계, 문화계 등 각계각층에서 많은 참여와 격려를 바라는 마음이다.

기후 위기의 극복

💧💧

인간만이 아니라 미물들조차 생로병사가 있다. 또한 생명체의 최상위 시스템 구조라고 볼 수 있는 우주도 생로병사와 같이 주기적으로 일어나는 성주괴공(成住壞空)이라는 태어남과 사라짐이 있다. 우주에는 천억 개의 은하계가 있고, 우리 은하계에는 태양처럼 스스로 빛을 내는 2천억 개의 별이 있다고 한다. 우주라는 공간에서 이 지구는 미세먼지에 불과하다. 그러나 지구에서 사는 인간이 얼마나 작은 존재인가라는 생각을 하며 살아가는 사람들은 별로 없다.

우리가 상상할 수조차 없는 대자연의 세계는 숭고하고 경이로움이 넘치는 곳이다. 항상 감사하고 경배해야만 하는 성스러운 곳이지만 아무도 매일 숨을 쉬고, 물을 마시고, 식사하며 생명을 유지하면서도 그 위대함에 감사하며 살아가는 사람은 없다. 자식이 부모가 돌아가신 이후에야 그 고마움에 눈물을 흘리는 것과 같은 우를 범하지는 말아야 할 것이다.

『도덕경』에 나타난 자연의 의미는 원래부터 그대로 있었던 것, 또는 우주의 순리를 뜻한다. 영어나 서구 각 나라가 사용하는 언어에서 사용하는 자연이란 말의 어원은 라틴어 'natura(ʻ낳아진 것'이라는 뜻)'에서 나왔다. 하지만 현대인들에게 있어 자연은 기독교 신학에서 비롯된 인간에 의해 '정복해야 할 것'이란 의미로만 여겨져 왔다. 그리고 그동안 서구적 과학 문명의 발달과 함께 자연에 대해 엄청난 도전과 개발 파괴로만 일관해 왔던 현대문명이 심판을 받을 때가 온 것만 같다.

자연이 우리에게 내리는 준엄한 벌, 첫 번째는 인간의 삼독심으로 만들어 낸 핵무기와 대량소비의 결과로 스스로 만든 공해의 피해이며, 두 번째가 인간 중심의 환경파괴로 인한 다른 종의 공습과 바이러스나 세균의 전염병 등이고, 기후변화로부터 오는 대재앙으로 인간 생존의 존폐가 갈리는 길이 마지막 단계라고 본다.

지금이 그 마지막 단계가 아닐까. 각 분야의 153개국 과학자와 지식인 400만 명이 참석한 가운데 진행된 전 세계 국제 기후 파업주간 비상 행동 선언문에서 "지금은 비상상황"이라고 말했다. 이들 역시 기후 비상사태를 한목소리로 선언했다.

2019년 옥스퍼드 사전이 조사한 바로는 세계인들이 사용한 단어 중에 전년보다 100배가량 많이 사용한 용어가 "기후 비상(climate emergency)"이었다. 전문가들은 무분별한 에너지 낭비와 개발, 그리고 화석연료인 석유와 석탄 등의 사용으로 100년간 지구 온도가 1도 올라갔다고 말한다. 그리고 앞으로 0.5도가 더 올라가면 동토의 땅들이 녹고 남극과 북극의 얼음이 없어지면서 수면은 올라가고 기후가 변화하여 엄청난 자연의 재앙이 일어나 사람들이 살아갈 수 없는 세상이 되어 수많은 사람이 죽어 갈 것이라고 말했다. 과거 빙하기로 인해 모든 동식물의 멸종되었던 것과 같은 무서운 결과를 가져올 것이라는 예측도 하고 있다.

　　그러면 이런 상황은 몇 년 후에 다가올 것인가? 그 답은 충격적이다. 대기 오염, 기후 변화, 환경 오염, 매연, 이산화탄소, 열대야 폭풍, 해수면 상승, 그린란드 해빙, 온실가스 배출 등으로 빠르면 10년 길게는 20년 후면 세계 파멸의 임계점에 도달한다. 지구 기온 상승이 도미노 현상처럼 또 다른 문제를 계속해서 일으키고, 이로 인해 작은 변화의 결과가 다시 원인을 키워서 큰 변화를 가져온다고 과학자들은 증언한다.

　　이제 각 나라의 과학계, 교육계, 환경단체, 사회단체, 시민단체, 종교단체 등이 앞장서서 기후 비상사태에 대한 경각심을

일으키고 있다. 이 상황에서 대한민국 정부도 인류 세계를 위해 지구를 살리는 운동에 앞장서야 할 때이다. 작금에 현 정부의 그린 뉴딜정책은 매우 시기적절하다고 본다. 온 국민이 앞장서서 새로운 시대 변화에 앞장서서 동참할 때이다.

의사소통과 불통

"사람들은 소중하지도 않은 것들에 미쳐, 칼날 위에서 춤을 추듯 산다." 조계종 종정을 지낸 성철 스님의 말씀이다. 그러면 진짜 소중한 것은 무엇일까?

진리의 측면에서 보면 돈과 명예, 사랑과는 다른 측면에서 소중함을 찾는다. 하지만 도의 세계에서 벗어난 속세의 모습은 돈과 권력과 욕망으로 가득 차 있는 모습을 가장 소중하다고 믿는다. 그렇게 살다 보니 삶 자체가 뜨거운 전쟁터이다.

개인 간의 싸움도, 집단 간의 싸움도, 국가 간의 싸움도 한결같이 자신들의 이익을 위해서 상대방을 공격해서 일어난다. 내 것이 소중하고 내 욕망을 충족하기 위해 상대방을 무시하거나 공격을 할 때 싸움이 커지며 수많은 희생자가 생기고 개인 간의 대화는 불통이 되어 버린다.

지금 국회에서 벌어지는 모습도 마찬가지이다. 여야가 극한 대립으로만 치닫고 있다. 양보는 없다. 상대방이 망하는 꼴을 볼 때까지 끝장을 내려고 하는 모습들이다. 불통의 대표적 표본이다.

지식인이 아니더라도 대다수 보통 서민들은 의사소통을 삶의 기본 규칙으로 정하고 산다. 소통의 규칙이 깨지면 삶이 고달파진다는 것을 알기에 누가 가르쳐 주지 않아도 가능한 소통을 찾아가며 사는 것이 보통 사람들의 모습이다. 하지만 정치인은 보통 사람이 아니기에 소통이 일어나지 않는가 보다.

하기야 예술품도 추상화는 사람과 소통이 되지 않아서 더 가치가 높아지기도 한다. 그리고 유명한 시인들의 포스트 탐미주의는 기존의 의미를 철저히 거부하고 통념화된 서정을 배제한다. 새롭고 낯선 정서를 전위적으로 추구하는 경우 소통이 방해받을 수밖에 없다. 결국, 불통이다.

그러면 정치도 예술이요, 시이기 때문에 불통인가? 그러나 정치인은 국민을 위해 봉사하는 직책이지 예술가가 아니다. 예술가가 되려면 국회의원의 자리에서 내려와야 한다. 소통을 가장 중요하게 여기고 누구보다 솔선수범해야 하는 자리가 국회의원이다.

의사소통은 가지고 있는 생각이나 뜻이 서로 통하는 것이다. 인류가 지구상에 존재한 이래로 말이 먼저였을까, 글이 먼저였을까? 당연히 말이다. 의사소통의 네 기둥인 듣기, 말하기, 읽기, 쓰기 네 기둥이 지붕을 받치고 있다. 그중에서 남의 말 듣기가 가장 중요하다는 것은 누구나 잘 알고 있다.

의사소통을 의미하는 단어 커뮤니케이션(communication)은 공통(common)을 나타내는 라틴어 communis에서 유래되었다. 이것은 서로 간에 공통의 것을 이용하여 생각이나 감정을 전달한다는 것이다. 그러면 서로 공통의 생각을 만들어 가는 과정이 커뮤니케이션이라고 볼 수 있는 것이다.

하지만 공통의 목적이란 국민의 행복을 위해서 일하는 것이지 자신의 행복을 위해서 일하는 것이 아니라는 것이다. 나를 위하여 남을 해침은 곧 나를 해침이고, 남을 위하여 나를 해침은 나를 살리는 길이다. 한 부엌에서 서로 협심을 해야 맛있는 밥이 만들어지고 가족들도 맛있는 밥을 먹는 것과 같다. 국민이 모두 행복한 삶을 살 수 있게 열심히 주방일 잘하라고 투표에서 뽑아 국회의원 자리에 올려놓은 것이다.

친구들과의 수다는 늘 즐겁다. 같이 있으면 웃음이 저절로 나온다. 그런데, 이야기를 나누다가 답답함을 느낀 적은 없었나? 그건 바로 대화의 원칙을 지키지 않았기 때문이다. 이제 어색하고 필요 없는 대화는 던져 버리고 대화의 원칙을 배워서 의

사소통이 잘되는 국회의원이 되기를 바라며 대화의 원칙을 소개한다.

첫째는 대화의 질(quality)이 중요하다는 것이다. 대화할 때 상대방에게 거짓이 아닌 진실한 정보를 전달하는 것이 중요하다. 뜬소문 같은 근거 없는 소식을 전하는 것은 좋지 않다. 대화의 질을 생각한다면 정확하고 진실한 이야기만을 주고받도록 해야 한다. 둘째는 필요한 양(quantity)만큼만 이야기하는 것이 중요하다는 것이다. 대화하다 지쳐 버리면 정말 하고 싶은 이야기를 놓칠 수도 있다.

끝으로 원효의 화쟁 사상과 회통을 잘 되새겨야 한다는 것이다. 이는 다툼과 대립의 화해라는 의미보다는 모아서 서로 통하게 한다는 의미, 즉 소통을 뜻한다. 따라서 원효의 화쟁 사상 즉 소통으로 좋은 국회가 되길 바란다.

지도자의 평등의식

💬🤍

역사의 흐름은 고통받던 백성들의 삶의 질이 점차 높아지는 쪽으로 발전하였다. 그 과정에서 평등 문제를 어떻게 잘 풀어 나가냐에 따라서 성공하는 국가와 정권이 태어났다.

전제주의에서 민주주의로, 사회주의에서 자본주의로 변화하면서 국민의 행복권을 보장하는 것이 정치의 초점이 되어 왔다. 그래서 국민이 고통받으면 지도자를 탓하고 행복하면 지도자를 높이 칭송하였다.

과거 초기 신화적 고대국가들이 태평성대를 누렸다고 말할 때 당시의 왕은 매우 위대한 통치력으로 국민을 편안하고 잘살게 하였다고 기록한다. 한민족 최초의 국가인 고조선의 경우에는 환인이 환웅에게 천부인 세 개를 주어 세상에 내려가 사람을 다스리게 하였다고 한다. 환웅이 태백산 꼭대기의 신단수 밑에 내려와 세상을 다스렸다. 그 후 환웅이 아이를 낳으니 그가 곧 단군이다. 단군은 홍익인간의 정신으로 1,500년 동안 나라를 다스려 백성을 행복하게 만들었고 아사달로 돌아와 숨어서 산신이 되니 성스러운 한국의 초기 고대국가 지도자로 등장한다.

과거나 현재나 국민을 행복하게 잘 살도록 하는 지도자를 성군이라고 하였다. 여기서 행복이란 물질뿐 아니라 마음의 평화로 불평등이 없는 것을 말한다. 남과 싸우며 스트레스 받지 않고 자유와 평등을 누리고 사는 것을 말하는 것이라고 할 수 있겠다.

그러나 현재 대한민국은 자살률 세계 1위로, 매년 1만 4천 명이 스스로 목숨을 끊는다. 물질적 풍요 속에서도 부익부 빈익빈으로 상대적 박탈감이 커 정신적으로 우울하고 불안 속에 사는 사람들이 대부분이다. 그동안 국가 지도자들이 정치를 잘하지 못했다는 이야기이다. 그래서 근대 한국사에서 많은 대통령들이 비명횡사하거나 감옥에 가는 불행한 일을 겪었다. 올바른 지도자 성군이 없었다는 것이다.

독일의 총리 메르켈은 18년 동안 능력, 헌신, 그리고 성실함으로 8천만 독일인들을 이끌었다. 그녀가 동독 출신이라는 것을 알면서도 좌파 우파 나뉠 것 없이 하나로 뭉쳤다. 메르켈은 지금도 다른 시민들처럼 평범한 아파트에 살고 있다. 독일

총리로 선출되기 전에도 이 아파트에 살았고, 그 후에도 그녀는 여기를 떠나지 않았다. 한 기자가 메르켈 총리에게 이런 질문을 했다. "당신은 항상 같은 옷만 입는데 다른 옷이 없나요?" 그녀는 대답했다. "나는 모델이 아니라 공무원입니다."

민주주의에서 주목하는 행복의 조건인 평등은 정치적 평등과 경제적 평등이 대표적이다. 누구나 선거권과 피선거권이 있고, 집회, 결사, 표현, 사상의 자유가 보장된다. 그리고 헌법 제123조 2항은 지역 간의 균형 있는 발전을 위해 지역경제를 육성할 의무가 있다고 되어 있다. 국민이 어디에 살든 평등한 경제적 이득을 가질 수 있어야 한다. 그러나 대한민국은 헌법을 무시하고 서울만 키워 나갔다. 이제 공룡화한 서울은 어떠한 부동산 정책을 내놓아도 답이 없다. 지방이 무너지고 어려운 삶 속에 출생률은 줄어 심각하다. 결국 훌륭한 지도자란 국민의 평등권을 잘 실천하는 분이라야 하는 것이다.

세상이 싸우기만 하고
사는 곳은 아니다.
인류가 발전하고 아름다운 세상을
만드는 길은 서로 도와가며
의지하고 사랑하며 사는 것이다.
그래서 아비규환의 세상을
구하기 위해 철학이 생기고,
종교가 일어나고,
법률이 만들어지고,
문화가 발전하였다.

거짓은 반드시 밝혀진다

투쟁의 삶 속에서 사람들은 자신의 이익을 위해서 거짓 정보로 사실을 왜곡하거나 상대를 비하해서 이득을 취하기도 한다. 이는 국가 간에도 마찬가지이다. 자국의 이익을 위해 과거 역사를 조작하여 상대 국가를 공격한다. 그 한 예로 일본도 가야 역사 왜곡, 독도 역사 왜곡, 광개토대왕비 조작 등 수도 없이 많은 역사 왜곡을 저질렀다.

중국도 과거 역사를 왜곡하여 자국을 위해 조작하는 사례가 부지기수이다. 근세에는 동북공정을 이유로 한민족의 역사를 왜곡하고 있다. 과거 중국 영토 안에서 일어났던 고조선, 부여, 고구려는 중국 지방정권의 역사이지, 한국의 역사가 아니라는 것이다.

그동안 중국은 황하 문명을 중심으로 독자적인 문명이 발전해 왔다고 고고학계에서는 말하고 있으나 역사의 진실은 바뀌고 있다. 요서와 요동을 포함한 만주 지역은 중원과는 서로 다른 문명권으로 기존의 문명설을 뒤엎는 요하 문명 지역의 고고학 연구를 통해 한자의 기원 갑골문, 홍산 문화의 곰을 토템으로 하는 환웅족 등이 계속 연구되면서 잘못된 역사들이 진실을 찾고 있다.

그리고 요사이 정치하는 분들이 보수 진보라고는 하지만 보수 진보는 허울뿐이다. 과거의 권력자와 현재의 권력자가 갈라서서 기득권을 차지하려는 방법으로 서로 싸우고 있는 것이다. 승리하기 위해서 당파끼리 가짜 뉴스를 만들어서 서로 공격하는 사례가 부쩍 늘어나고 있다. 특히 인터넷 언론 매체의 발달로 유튜브 등 각종 개인 사이트에서 조작된 정보들이 범람하면서 국민은 혼란에 빠질 때가 많다.

『손자병법』에 언급된 동쪽에서 소리 지르고 서쪽에서 공격하는 성동격서(聲東擊西)는 가짜 정보를 이용한 대표적인 병법이다. 현대에 와서도 2차 세계대전 당시 노르망디 상륙작전이나 한국전쟁 당시 인천상륙작전 등이 이 성동격서의 계책에서 나온 것이다. 적에게는 가짜 정보를 주어 엉뚱한 곳에서 대비하게 하고 정작 본인은 다른 곳을 공격하여 상대방의 허를 찔러 승리를 얻는 것이다.

하지만 세상이 싸우기만 하고 사는 곳은 아니다. 만약 온 세상이 싸우기만 한다면 그런 세상은 바로 지옥이다. 인류가 발전하고 아름다운 세상을 만들어 가는 길은 서로 도와가며 의지하고 사랑하며 사는 것이다. 그래서 아비규환의 세상을 구하기 위해 철학이 생기고, 종교가 일어나고, 법률이 만들어지고, 문화가 발전하였다. 또한 서로 간의 질서를 지키기 위해 국가는 법을 집행하는 권한을 갖게 되는 것이다. 그리고 종교에서는 도덕적 잘못이 업보를 받아 벌을 받게 되는 것을 가르치고 세상을 구하려고 한다. 지나친 가짜 정보는 남들에게도 큰 피해를 줄 뿐만 아니라 자신에게도 거짓된 인생을 사는 불행한 삶을 사는 결과가 되는 것이다.

하느님과 하나님 명칭의 바른 사용

💬

모든 종교는 각기 교주와 믿음의 최고 대상을 가지고 있다. 불교는 석가모니와 부처님이며, 기독교는 예수와 여호와이며, 이슬람교는 모하메드와 알라신을 믿음의 대상으로 예경한다. 그리고 어느 나라든 그 나라의 문화와 민족의 정통성이 자신들의 믿음의 대상으로 해서 어느 정도 맥이 내려온다. 그러한 전통적 신이 불분명하면 그 민족은 다른 나라에 예속되거나 사라지게 된다. 그리고 각 나라의 민족신의 명칭에 의해서 그 민족의 특성이 나타난다고 생각한다.

이렇게 볼 때 우리 민족이 수만 년의 역사를 이어온 것은 분명 어떤 고유한 민족혼과 문화와 어울려 전통적 신관(神觀)을 형성하였다고 볼 수 있다. 그중에서도 이민족의 민속적 토착신앙으로서 무속신앙은 민족 최대·최고의 원초적 신관을 형성하였는데, 그 수많은 제신들의 정점은 하느님으로 불리는 최고의 우주신 또는 천신으로 귀납되었던 것이다. 지금으로부터 5천 년 전 이와 같은 신앙은 단군의 개국과 함께 단군성조를 뿌리로 하여 대하(大河)를 이루었다. 단군은 한편에서는 형이상학적으로 천신, 또는 우주인으로 모셔졌고 다른 한편에서는 형이하학적 차원에서 전인격적인 현존신으로 하느님의 직계비속으로서 이 땅에 내려온 유일한 혈통자로 받들어졌던 것이다.

그런데 여기서 문제 제기를 하려고 하는 것은 다종교의 한국에서 유독 기독교에 의해서만 자신들의 신에 대한 호칭 문제에 있어 한민족과 단군성조만의 유일한 신의 호칭인 하느님이라는 경칭을 종교적인 근거도 없이 함부로 도용(참칭)한다는 것이다. 불교의 경우, 과거 수많은 불보살 중 한 분인 석가모니 부처님을 '하느님'이라고 호칭하지 않았으며, 다른 종교인 이슬람교도 '알라신'이라 하지 '하느님'이라 하지 않았으며, 또한 유교와 그 외 타 종교도 민족신인 조국의 하느님을 더럽히지는 않았으나 기독교만이 침략 근성으로 민족성 말살과 같은 정책으로 한민족의 신을 함부로 사용하는 어처구니 없는 야만적 모습을 드러내고 있다.

한민족은 과거부터 범신론적인 다원적 종교관이 폭넓게 안주하고 있었다. 그러면서도 이 겨레는 잡신과 하느님을 구별

할 줄 아는 예지가 있었기에 신 중에서도 외국의 신으로서 기독교의 신이나 알라신을 헌법적인 보장 아래 받아들여 왔다.

그렇다면 그들은 그 주제 파악을 할 줄 알았어야 했고, 근본을 잊어서는 아니되었다. 또 유일신은 민족마다 나름대로 받들어지는 것이므로 방문객으로서 남의 집에 들어갔다면 그 집 주인과 집안에 대한 경의와 감사도 할 줄 알았어야 했음에도 주인집 제사당을 헐고 자신들의 신을 그 집 안방에까지 쳐들어가게 하는 밀어붙이기를 마다하지 아니했다.

오늘날의 세계 도처에는 "석가, 예수, 알라" 등 외에도 대형 종교만 해도 300여 종에 달하여 있지마는 그들의 신은 제각기 자기 민족의 최고신에 멈추고 있을 뿐 기독교 종교단체처럼 만방의 160여 개 세계국가와 50억 인류 위에 군림하는 최고신으로 내세워 타 민족 타 국가의 민족신의 칭호까지 빼앗거나 참칭하지는 아니했다.

우리는 먼저 '하느님'과 '하나님'의 올바른 공부를 하고 넘어가야 할 것 같다. 그래야만 잊혔던 민족혼과 민족문화를 찾는 근본 정신으로 돌아갈 수 있으며, 나를 찾을 수 있다고 본다.

한국정신문화연구원에서 편찬한 『민족문화대백과사전』의 '하늘' 항목을 보면 하느님과 하나님의 어원을 보다 자세히

알 수 있다. 우리 언어에서 하늘이나 하느님이라는 용어가 하루 아침에 형성된 것이 아니며, 유구한 세월을 거쳐서 오늘날에 이른 것이다.

먼저 하늘의 어원을 보면 구석기부터 삼국 시대에 이르기까지 사용하던 삼신(밝신, 닮신, 검신)이 통일신라부터 고려조에 이르러 한데 묶여서 "한올"로 사용됐고 한올이 한울, 한얼로 변하고 한의 ㄴ이 아래로 내려와 하날 → 하눌 → 하늘로 부르게 되었으며, 고려조 이래로 천지신명을 호칭할 때 "님"을 붙여서 사용하여 한얼님 → 하늘님 → 하느님 → 하나님 등으로 변한 것이다.

여기서 "한"은 접두사로 밝다, 크다, 같다, 바르다는 뜻, 씩씩(한창)하다 등의 의미를 가진다. 예를 들면 한민족의 한의 뜻은 "밝다"의 의미가 있으며 이것이 배달민족으로도 변했다. "크다"는 뜻은 한길(大路)이며, "같다"는 뜻은 한회사, 한고향이며, 바르다는 뜻은 한나절(正午)이나 한마음(正心)이 있고, 씩씩하다와 한창의 의미로는 한창때, 혹은 한여름 등이 있다.

또한 하늘의 '늘'은 언제나 항상의 의미로 영원성, 불변성을 나타낸다. 그리고 하나님의 하나는 우주의 근본은 유일무이하다는 종교상의 신을 가리킴인데 우리 민족의 신은 빛과 열과 광명을 주는 태양을 말하는 것이다.

한얼은 정신면에서 본 심정적 하늘을, '하늘'은 시공을 초월한 불변적 하늘을, '하나'는 만물의 근저는 하나라는 절대적 하늘을 말한 것이다. 하늘은 옛날에는 한자로 한(韓), 환(丸), 환(桓)으로 표기하였다. 이것들은 모두 동녘에 해가 뜨면 천지가 환하다는 뜻에서 비롯된 유사음이다. 우리 민족을 한민족이라한 것은 하늘의 축복의 받는 민족이라는 뜻이며, 평양의 옛이름인 환도성(丸都城)도 하늘의 가호를 받는 수도하는 뜻이라 하겠다. 또 하늘계의 주인은 태양이며 태양은 광명을 발하는 본체이다. 그러므로 옛날 사람들은 '밝의 뉘' 즉 밝은 광명의 우리라 하였고, 그 신을 밝의 뉘(고어로는 ᄇᆞᆰ의 뉘) 신이라 하였다. 그리고 한국 최초의 나라로 불리는 단군의 나라 배달에서 우리는 배달민족이라 하는데 이 배달도 밝다에서 나온 용어라고 한다. 후에 '밝'이 변하여 '박'이 되었으며, 신라의 시조 박혁거세의 '박'이 이것이요, 또 '발'로도 변하여 발해가 이것이다. 발해국은 혹발해라고도 썼는데 해(解)는 즉 태양을 가리키는 한자일 뿐이다. '밝'은 또 '벌'로도 변하였으니, 서라벌의 '벌'이 이것이며, 오늘의 서울이라는 말도 여기에서 기인된 것이다. 산 이름에서 백두산, 태백산, 소백산, 백운산 등의 백(白)도 밝은 백, 흰 백 자로 '밝'의 어원으로 사용된 것들이다. 이처럼 한민족의 종교적 대상인 하늘 또는 하느님이라는 용어나 관념은 일조일석에 이루어진 것이 아니며 오랜 세월을 거쳐서 오늘에 이른 것이다.

신의 개념은 각 나라마다 있을 것이며, 그 이름도 다양하게 존재하면서 수많은 신과 더불어 많은 종교가 생겨난다고 본다.

특히 가장 대표적인 서구종교인 기독교에서는 여호와 내지는 야훼로서 번역하여 사용하며 전도하였고, 불교는 많은 신들 모두 그들 각자의 고유성을 인정하며 절대 믿음의 대상을 "부처님"이라 번역하여 부르고, 세계 3대 종교의 하나인 이슬람교도 한국에 들어와 자신들의 절대 유일신의 이름을 "알라신"이라 부르고 있다. 또한 힌두교는 브라흐만이라고 부르며 배화교는 아후라마즈다 등으로 호칭한다.

그런대 유독 기독교만이 60~70년 전부터 어느날 갑자기 한민족의 신인 하느님을 도용하기 시작했다. 이것은 여호와, 야훼로 쓰던 유일신이 한국의 하느님으로 탈바꿈하여 한민족의 뿌리를 뒤흔들어 놓으면서 수만 년의 민족혼을 말살하려고 하는 무서운 음모인 것이다.

만약 여호와를 하나님으로 부른다면, 이스라엘 민족이 처음 민족으로서 출발하였던 이집트에서 숭배했던 아멘, 아톤, 아멘트, 메스타, 다아, 무트, 아텐 등등의 신도 하느님이라 불러야 하고, 또한 유대인들의 여호와 신이 가나안 땅에 도착하기 이전에 가나안 지방과 페르시아 지방에 있었던 엘, 다곤, 아나트, 모트, 바알 등의 신도 전자와 같이 하느님으로 불러야 한다는 이론이다. 그렇다면 「출애굽기」 22장 20절에 "여호와 외에 다른 신들에게 희생을 드리는 자는 멸할지니라." 하였는데, 여호와도 하느님이요, 위의 다른 모든 신들도 하느님이라면 도대체 말이 되지 않는 억지 종교로 엉터리 기만의 사술이 아니겠는가. 어느 나라든 그 나라에는 신 이름의 고유성이 있는 것이다.

　신의 세계에서는 신들이 각각 절대성을 주장하는 까닭에 신들은 제각기 다른 신들과의 구별과 차이가 필요하였고, 그러므로 신들은 제각기 자신들의 고유 이름이 필요했다. 명사 또는 고유명사 특히 종교적 고유명사는 이를 왜곡 번역할 수 없는 것이고 확대해석 내지 의도적인 종교 침략으로 해석해서도 안 되는 것이므로 석가, 예수, 알라, 공자는 영원히 석가, 예수, 알라, 공자임에 그리고 또 그로서 족할 뿐인 것이다. 대통령령인 "관공서의 공휴일에 관한 규정"이란 법령을 보면 음력 4월 초파일에 관한 규정은 석가탄신일이고, 12월 25일은 기독탄신일로, 공휴일에 지정된 특정 종교 교조의 생신일을 법령상 표시하고 있어 이는 국가의 헌법에서 위임된 법령으로서 법령상 그 호칭이 규정되었음을 알 수 있으며, 다종교 국가인 이 나라에서는 공휴 지정이 되지 않은 그 이외의 종교 단체에 대하여도 공자의 생신일을 공부자탄신일, 천도교 등 동학 계열 종파에서도 교조의 이름 그 자체를 고유명사로서 표기하고 있고, 또 그것이 국가 공인적인 것임과 함께 국민 정서적으로 당연히 인식되고 있다.

특히 동학은 유·불·선을 교리 근간으로 삼으면서도 교주 최제우는 부처라든가, 공자라든가, 신선 등 교조 자체를 타 종교 교조의 고유명사 내지 경칭을 참칭하지도 아니할 뿐더러 제각기 당해 종교의 교리 근본을 하늘에 두고 한울님의 뜻에 따라 그 한울님의 대우주 경륜의 대섭리를 창교와 포교의 근본 원리로 삼고 있는 것이다. 그리고 다신교 국가인 이 나라에서 계룡산 신도안 일대에 수없이 산재한 허다한 암자마다 제각기 특정의 신과 교주 및 교리를 내세우면서도 그 궁극점을 하늘에 두고 하느님이 대우주의 최고 경륜임을 내세우고 있으며, 그들 민족종교들은 하느님을 한국의 절대신으로 보고 있는 것이다.

이것이 바로 한국의 신관(神觀)이요, 종교관인 것이며 이들 민족종교 모두가 한국에서 자생한 대소의 각 종교단체들이기에 하느님 호칭의 자격에 합법성과 당위성이 있는 것이다.

우리의 선대는 한민족으로서의 자부심을 가지고 하느님의 관념으로 유교의 천(天), 불교의 제석천, 도교의 옥황상제, 기독교의 여호와 등을 흡수하였고 일본의 신(가미)을 극복하였다.

만약 우리 민족에게 단일의 하느님의 관념이 없었던들 우리 문화는 벌써 외래문화에 흡수되어 자취마저 사라졌을 것이다. 돌이켜 보건대 빛과 열기와 광명을 뜻하는 '하느님', 광대한 울타리를 뜻하는 '한울님', 한결같이 영원을 담고 있는 '하늘님', 씩씩하고 왕성한 얼을 간직한 '한얼님', 순일무잡(純一無雜)을 상징하는 '하나님'을 포용하고 있는 하느님의 관념은 한민족의 생명과 함께 영원할 것이다.

이상에서 검토하였듯이 기독교의 하느님, 하나님의 사용은 반민족적 행위이며, 수만 년 전통의 한국을 망치는 무서운 음모이며 그동안 한국 과거사에 수많은 외국의 무력 침략에서도 연연히 이어온 전통이 하루아침에 무너지는 보이지 않는 고도의 종교적·문화적 침략 전술로서 모든 국민이 빨리 이것을 인식하여야 할 것이다.

자연은 우리에게
굴하지 않고 죽지 않는
강인한 삶의 길을 가르친다.
한겨울 눈 속에 얼어 버린
작은 꽃봉오리들이 얼음과
눈을 헤치고 산등성이,
절벽, 길가 등에
소리 없이 생명의
꽃봉오리를 피울 때
자연이 가르치는
교훈은 경이롭다.

3

내 고향 인천의 옛길을 걸으며

몇 년간 객지를 떠돌다 찾아오는 고향은 항상 나의 몸과 마음을 편안하게 해준다. 귀소 본능이랄까? 묘한 회열을 느낀다. 특히 고향의 길 중에서 어린 시절 걷던 돌담길을 걸으면 꿈속에서나 만날 수 있던 거리를 걷는 것처럼 묘한 환각 상태에 빠진다. 이 것이 고향을 찾는 많은 사람들의 마음일 것이다. 가능하다면 고 향인 과거 인천의 거리를 요사이 나오고 있는 VR 기기, 즉 가상 현실(Virtual Reality)을 실제처럼 느끼게 만들어 주는 기기로 현 실처럼 생생하게 즐길 수 있다면 얼마나 좋을까?

가끔 시간적 여유가 있을 때면 인천의 옛길을 걸어 본다. 먼저 내가 태어난 중구 선린동을 자주 간다. 지금은 차이나타운 이 원형을 잘 간직한 채 개발하여 주말에는 전국에서 사람들이 모여들어 인산인해를 이룬다. 그리고 고향의 시장 골목길은 많은 추억이 담긴 길이다. 중구 신포동 시장거리를 거닐다 보면 아직 그 모습이 거의 그대로 남아 있어서 시간을 멈춘 듯하다. 시장을 빠져나와 과거 인천시청 자리(지금은 중구청)와 경찰청 터를 지나 시민회관 터(지금은 인성여고 체육관)를 오르면 나의 부모님 집이 홍예문 옆에 옛 적산 가옥 모습을 간직한 채 아직도 우뚝 서 있다.

홍예문을 끼고 자유공원과 맥아더 장군 동상이 있는 공원을 거닐면 지금 내가 청소년기에 있는 것 같은 감정이 일어난다. 한때는 걸어서 부둣가에서 망둥어 낚시도 즐기던 기억이 나고, 조금 더 걸어서 월미도 쪽으로 가면 갯벌에서 놀던 기억이 난다.

다시 신포동을 벗어나 경동과 송현동, 송림동을 걷다 보면 옛날 모습이 아직 선명하다. 특히 중학교 때 지나 다니던 신흥초등학교 위 등굣길 돌담은 가슴 설레는 사랑의 추억이 담겨 있기도 하다. 중구가 아직 개발이 되지 않은 것이 섭섭하면서도 한편으론 옛 추억을 지금도 볼 수 있어 위안이 된다.

아마 이런 감정들은 고향을 찾는 모든 사람들이 똑같이 느끼는 감정일 것이다. 인천의 '강남'이 송도 신도시라고들 하지만 고향을 찾는 이들에게는 신도시의 위용이 부럽지가 않다. 순수한 마음은 대소(大小)를, 미추(美醜)를, 빈부(貧富)를 구별하지 않는 불이(不二)의 정신이다. 그래서 죽음에 이르면 고향을 찾는 사람에게도 회귀 본능이 있다.
고향에 대한 사랑, 어머니에 대한 사랑,
가족에 대한 애정, 집터에 대한 추억,
이웃 사람들의 모습, 주위 자연환경의
전경 등이 우리를 고향으로 향하게 만든다.

다. 어떤 이들은 고향에 학교도 짓고, 장학재단도 만들고, 박물관도 짓고들 한다. 후손들이 고향에 대한 자부심과 정체성을 가질 수 있도록 하기 위해서일 것이다.

연어 떼도 알을 산란한 하천이 개발이 되어서 없어지면 다시는 돌아오지 않듯이 내가 살았던 고향이 고향의 냄새가 나지 않으면 고향에 가고자 하는 감정이 일어나지 않게 된다. 그래서 인천의 정체성을 살리면서 원형을 파괴하지 않고 예술적 감각과 친환경적인 모습으로 보다 품위 있는 도시 개발이 이루어진다면 얼마나 좋을까 하는 그림을 그려 본다.

사람들에게도 회귀 본능이 있다. 고향에 대한 사랑, 어머니에 대한 사랑, 가족에 대한 애정, 집터에 대한 추억, 이웃 사람들의 모습, 주위 자연환경의 전경 등이 나를 고향 집으로 가게 만든다. 또한 하루하루 바쁜 생활 속에서도 퇴근 후에 지친 몸을 이끌고 다시 집으로 오게 한다. 그리고 나이가 들면 들수록 사람들은 고향을 더욱 생각나게 하고, 죽음이 임박할 때는 어머니를 떠올린다고 한다. 명절 때면 민족의 대 이동이 일어나고 있는 까닭이다.

네 발을 지닌 인간의 친구, 개

2018년은 개의 해였다. 인간과 제일 가까운 동물은 바로 이 개라고 생각한다. 3만 년 전 구석기 시대부터 개는 인간과 같이 생활을 했다고 추측한다. 개는 네 발을 지닌 인간의 친구이며, 오로지 인간의 즐거움과 번영을 위해 탄생한 자연의 선물이라고 할 수 있다.

주인에 대한 지극한 충성심은 물론이고 상당히 따듯한 데가 있고, 인간과 가까이 지내기를 좋아하는 동물이다. 또한 개는 인간의 적대감이나 분노, 거짓을 금방 알아차리고 으르렁거리는 경우가 있다. 인간의 기쁨과 슬픔도 먼저 감지한다. 즐거운 일을 앞두고 있을 때면 개가 먼저 꼬리를 흔들고, 슬픈 일을 앞두고 있을 때는 구슬피 운다.

많은 종교들은 이생과 내생의 문제를 나름대로 정리하고

있다. 그 생명이 살아가는 과정을 통해서 죄와 벌, 혹은 업이라는 개념으로 다음 생의 삶을 풀어 가고 그 종교적 해설과 해석이 교리가 되어 가르침을 정리한다.

윤회라는 개념도 대다수 사람이 싫든 좋든 간에 어느 정도 인정하는 추세고 과학적으로 증명하고자 노력들을 한다. 기독교는 윤회를 인정하지 않지만 큰 틀에서 보면 신을 잘 믿고 착하게 산 사람은 죽어 하나님의 나라 천당에 간다고 하고, 죄를 많이 지은 자는 지옥에 떨어진다고 한다. 즉 인간·천당·지옥 3단계의 윤회가 있다. 그리고 불교에서는 윤회의 과정을 세분화하며, 큰 틀로는 여섯 가지 윤회로 나눈다. 인간, 천당, 지옥, 아수라, 아귀, 축생이다. 앞의 세 가지, 인간·천당·지옥은 기독교와 똑같다. 다만 뒤의 아수라·아귀·축생이 더 있는 것이다.

불교에서는 축생(동물로 태어남)으로 태어난 동물 중 환생하여 사람으로 태어날 확률이 높은 동물이 개라고 한다. 따라서 출산을 앞둔 집에 '절대로 개고기를 먹지 말라.'고 조언하는 경우가 있다. 식구 중 누군가가 잡아 먹은 개가 자식으로 환생하는 일이 발생할 수 있다는 것이다. 티베트나 네팔 쪽에서는 해탈을 하지 못한 수도승들이 개가 된다고 하여 지나다니는 들개에게 공양을 하는 사람도 있다. 부처님의 제자 중 신통제일인 목련 존자의 어머니가 아귀도의 지옥에서 고통받고 있을 때, 어머니의 모습을 본 목련 존자가 우란분재(백중재)를 베풀고 어머니의 넋을 달래니 개로 환생한 어머니가 극락세계에 다시 태어났다는 이야기가 있다. 실제로 불교의 기본 교리를 강조하는 동남아의 소승불교권에서는 개고기를 금기시하고 있다.

한국의 긴 역사에서 보면 고려는 불교 국가였기 때문에 육식이 공식적으로 권장되지 않았다. 그러나 몽골 침입 후에 몽골이라는 유목민족의 식습관이 전해져서 많은 육식을 하였다. 하지만 북방 민족은 개를 신성시했기 때문에 개를 식용하지 않았다. 그뿐 아니라 북방 민족이 남쪽으로 내려오면서 중국도 점차 개를 식용하지 않았다고 한다. 특히 사람이 죽어 환생하면 대부분이 인간 곁에 가까이 있는 개로 태어난다는 전설이 있으니 개를 먹어도 얼마나 찜찜했을까?

이렇게 보면 개고기를 제사상에 두지 않는 것은 정통 예법이라기보다는 우리의 풍속에 널리 퍼진 금기 때문이라고 생각할 수 있다. 또한 개는 어떤 의미에서 인간과 가족 같은 존재로 인식되는 동물이다. 개가 사람과 가까이 살기 때문이고, 사람의 생활과 같이 사람이 먹는 밥을 먹여 키우기 때문일 것이다.

인간성이 점점 사라져 가고 동물인 개보다도 못한 살인과 테러와 전쟁의 야욕과 탐욕과 분노와 어리석음으로 가득 찬 각박한 세상을 바라보면서, 개를 떠올려 본다. 주인을 위해 헌신

하고, 사람을 위해서 많은 도움을 주는 인간보다 더 인간적인
개의 모습을 생각하며 사는 날이 되었으면 한다.

입춘 한담

"입춘 추위는 꿔다 해도 한다.", "입춘에 장독 깨진다."라는 말들은 입춘 무렵에 늦추위가 빠짐없이 온다는 뜻의 속담으로 올해도 여지없이 찾아왔다. 이번 겨울은 추위가 없어서 전기세와 연료비 걱정 없이 살았는데 날씨 예보를 보니 입춘 날 저녁부터 2일간 기온이 영하 10도로 내려간다는 소식이다.

보통 입춘은 양력 2월 4일경에 해당한다. 태양의 황경이 315도일 때로, 이날부터 봄이 시작된다. 여름은 입하, 가을은 입추, 겨울은 입동에 계절이 바뀐다.

입춘은 24절기 가운데 첫 절기로, 이날부터 새해의 봄 기운이 시작된다. 그래서 일 년의 시작이 잘되기를 비는 마음으로 이날을 기리고, 닥쳐오는 일 년 동안 좋은 길조와 경사스러운 일들이 생기라고 대길(大吉)·다경(多慶)하기를 기원하는 갖가지

의례를 베푸는 풍속이 옛날에는 많이 있었다. 그러나 근래에는 더러 입춘축만 붙이는 가정이 있을 뿐, 그 절일(節日)로서는 기능을 상실해 가고 있다.

입춘 시는 사주풀이 등 모든 역학 분야에서 각자의 출생년도의 기준이 되는 매우 중요한 역할을 하는 시간점이다. 따라서 2020년의 경우 입춘의 시작 시간인 18시 2분이 지나서 태어나야 비로소 경자년 2020년 쥐띠 생이 되는 것이고, 18시 2분 이전에 태어나면 기해년(2019) 생이 되는 것이다. 물론 이것은 역학으로 사주풀이 하는 쪽에서 주장하는 것이고, 보통은 음력 1월 1일을 기준점으로 본다.

입춘에 회자되는 재미있는 말들이 있다. 입춘 날 입춘 시에 입춘축을 붙이면 굿 한 번 하는 것보다 낫다고 하여 입춘축을 중시하였고, 입춘축을 붙이면 봉사들이 독경하는 것보다 낫다고도 하였다. 그래서 입춘축을 얻어 가려고 하는 사람들 때문에 요사이 각 사찰의 사무실이 바쁘다.

옛날에는 입춘이 되면 도시 시골 할 것 없이 각 가정에서는 입춘축을 대문이나 문설주에 붙였다. 입춘축을 달리 입춘방(立春榜)·입춘첩(立春帖), 춘방(春榜)이라고도 한다.

입춘축의 문구는 대개 정해져 있다. 두루 쓰는 것은 다음과 같은 것이 있다. 천 가지 재앙을 내치고 백 가지 복을 부른다는

의미의 '거천재 내백복(去千災 來百福)', 산처럼 오래 살고 바다처럼 재물이 쌓이기를 바라는 '수여산 부여해(壽如山 富如海)', 봄이 시작되니 크게 길하고, 경사스러운 일이 많이 생기기를 기원한다는 의미의 '입춘대길 건양다경(立春大吉 建陽多慶)', 땅을 쓰니 황금이 나오고, 문을 여니 만복이 온다는 뜻의 '개문만복래 소지황금출(開門萬福來 掃地黃金出)', 나라가 잘 다스려져야 백성이 편안하고, 집집이 모든 사람이 풍족할 것이라는 뜻의 '국태민안 가급인족(國泰民安 家給人足)' 등이 있다.

또한 입춘에 대한 속설도 있다. 입춘 날 날씨가 맑고 바람이 없으면 그해 풍년이 들고 병이 없으며 생활이 안정되지만 눈이나 비가 오거나 바람이 불면 흉년이 든다고 하는 것 등이다. 입춘 날에 눈보라가 치는 등 날씨가 나쁘면 '입춘치'라 한다. 또 입춘 날 입춘축을 써서 사방에 붙이면 그해 만사가 대길하나, 이날 망치질을 하면 불운이 닥친다고 하는 속설 등 재미난 입춘 관련 이야기들이 전해 오고 있다.

신축년 새해 희망

2021년은 소의 해이다. 모든 국민에게 희망의 한 해가 되길 바란다.

작년 한 해 바이러스 전염병으로 인류의 큰 재앙이 닥쳐와 너무 많은 사람이 죽어갔고 아직도 진행형이다. 2020년 12월 31일 로이터통신에 따르면, 이날 오전 10시 기준 세계 누적 사망자 수는 180만 3,423명으로 집계됐고 누적 확진자 수는 8,256만 명이 넘는다고 했다. 너무 많은 사람들의 죽음으로 삶 자체가 무너져 내리는 것 같다.

하지만 고난과 슬픔 속에서 새로운 희망의 메시지가 피어나는 것이 세상의 이치이다. 큰 고통을 겪은 경자년을 지나 새해에는 희망이 보일 것이라 확신한다. 특히 십이지의 띠 중에서 소는 사람에게 가장 많은 것을 베풀고 있는 동물이기에 올해는 모두가 복과 행운이 가득한 한 해가 될 것이라 기대해 본다.

인도에서는 소를 신성하다고 여긴다. 소에는 그들의 모든 신이 거주한다고 믿는다. 그래서 인도인들에게 소는 숭배의 대상이 되면서 소가 배출하는 것까지도 성스러운 것으로 생각한다. 그래서 힌두교 문화권에서는 소고기 식용을 금기시하고 소는 시바신이 타는 신성한 동물이라고 여긴다.

한국도 소의 예찬론은 대단하다. 춘원 이광수는 수필 「우덕송(牛德頌)」에서 이렇게 말하며 극찬하고 있다.

> 목에 백정의 마지막 칼이 푹 들어갈 때, 그가 '으앙' 하고 큰 소리를 지르거니와, 사람들아! 이것이 무슨 뜻인 줄을 아는가, "아아! 다 이루었다." 하는 것이다.
> 소! 소는 동물 중에 인도주의자다. 동물 중에 부처요, 성자다. 아리스토텔레스의 말마따나 만물이 점점 고등하게 진화되어 가다가 소가 된 것이니, 소 위에 사람이 있는지 없는지는 모르거니와, 아마 소는 사람이 동물성을 잃어 버리는 신성에 달하기 위하여 가장 본받을 선생이다.

또한 소는 천 년의 세월 동안 절 법당 벽화의 소재로 제일 많이 등장한다. 깨달음의 참 진리를 소에 비유하여 도를 찾는 것을 소 찾는 것으로 비유한 '심우도(尋牛圖)'라는 그림이 있다. 소를 찾아 나서는(尋牛) 첫 단계에서부터 소를 발견하고, 소를 잡은 후, 다섯 번째 단계에 소를 길들일 때 소는 흰 소로 변해 가고 여섯 번째 단계에서 소를 타고 집으로 돌아올 때는 흰 소가 된다. 집안에 흰 소가 들어온다는 것은 좋은 운이 들어온다는 뜻으로 보는 까닭이다. 마침 2021년이 흰 소의 해이다.

기성세대에게 소는 바로 고향을 그리는 마음의 매개체이기도 하다. 다시는 돌아갈 수 없는 어린 시절 고향 마을의 추억이다. 어떻게 보면 소는 우리가 잃어 버렸던 자신을 바라보는 마음이다. 과거 도시 문화가 크게 일어나지 않았을 때 보고 들었던 '음매' 하는 건넛마을 소 우는 소리는 우리 마음에서 지워지지 않는 평안의 소리이다.

어진 눈, 엄숙한 뿔, 슬기롭고 부지런한 힘, 유순하고 인내하며 성실하고 근면한 소의 덕성으로 신축년부터는 밝은 희망의 시대가 열릴 것이다. 온 국민이 어깨를 펴고 힘차게 출발해 보자.

봄은 어디에

모두를 힘들게 하는 코로나19 바이러스가 일 년을 지나 이 년
째 접어들고, 추운 겨울도 아직 멈추지 않았다. 언제쯤 모두가
희망찬 봄기운을 찾을 수 있을까? 세상의 봄 노래는 희망의 상
징이다. 나라를 빼앗겼을 때, 독재 권력에 억눌려 살았을 때, 전
쟁의 혼란 속에 평화를 찾을 때, 누군가의 속박에서 벗어나고자
할 때, 가난에 허덕일 때, 삶이 고통스러울 때 희망의 상징은 봄
이다. 그래서 시인들은 봄에 피는 꽃 속에 자신들의 메타포적
메시지를 전달한다.

　나대경이 지은 『학림옥로』 권6에 나오는 이름 모를 한 여
승의 시에서는 봄을 깨달음으로 상징하였다.

　　종일토록 봄을 찾아 헤맸건만 봄은 보지 못하고

150

짚신이 닳도록 산 위의 구름만 밟고 다녔네

지쳐서 돌아와 뜰 안에서 웃고 있는 매화 향기 맡으니

봄은 여기 매화 가지 위에 이미 무르익어 있는 것을

진일심춘불견춘(盡日尋春不見春)

망혜답편롱두운(芒鞋踏遍隴頭雲)

귀래소념매화취(歸來笑拈梅花臭)

춘재지두이십분(春在枝頭已十分)

봄을 찾아 헤맸건만 밖에서는 결국 찾지 못하고, 지쳐서 돌아오
니 집 뜰 안에 핀 매화를 보고서 비로소 봄이 왔음을 알았다는
내용이다. 입춘이 지나고 설도 지났는데 봄기운이 보이지 않아
들과 산을 두리번거리지만 봄은 조용히 매화 꽃봉오리에서 피
듯 우리 마음에 이미 와 있다.

누구나 설을 쇠고 나이가 한 살 더 먹었으나 스스로는 변화
를 느끼지 못하고 산다. 하지만 조금씩 자신은 변하고 있다. 인
생이라는 열차가 삶의 종착역으로 조용히 향하고 있지만 내릴
준비가 안 되어 있는 게 모든 생명의 모습이다. 자연에 떠밀려
서 혹은 세월에 떠밀려서 살다가 가는 것이 인생인 듯하다.

그러나 자연은 우리에게 굴하지 않고 죽지 않는 강인한 삶

의 길을 가르친다. 한겨울 눈 속에 얼어 버린 작은 꽃봉오리들이 얼음과 눈을 헤치고 산등성이, 절벽, 길가 등에 소리 없이 생명의 꽃봉오리를 피울 때 자연이 가르치는 교훈은 경이롭다. 넓은 산에 피는 수많은 야생화는 우리들의 눈에 잘 띄지 않지만 작은 꽃봉오리들이 봄 축제의 노래를 부르고 있다. 매화, 동백, 복수초, 애기복수초, 변산바람꽃, 너도바람꽃, 노루귀, 애기괭이눈, 노란앉은부채, 노랑제비꽃, 머위꽃, 애기중의무릇 등 수많은 봄꽃이 새 생명의 찬란하고 위대한 탄생을 보여 주고 있다.

앤솔러지(anthology)는 시들의 모음을 뜻한다. 그런데 앤솔러지의 그리스 어원은 '꽃들의 모음'이다. 자연은 글이 아닌 꽃이라는 형상의 시를 우리에게 보여주고 있다. 말이 없는, 글이 없는, 소리가 없는 침묵 속 형상의 아름다운 서사시가 한국의 산마다 들마다 피어나고 있다. 우리에게도 소리 없이 꽃과 함께 봄이 오고 있다.

꿈은 여기 현재의 일에서
가져야 할 것이니

💬💜

세상이 있어 시끄러운 것이며, 내가 있기에 괴로운 것이다. 그 래서 부처님은 이 세상을 사바세계라 하시며 참고 살라 하였다. 새해라고 해서 별로 달라질 것이라고는 없지만 내일을 기대하 듯 새해를 기대해 보는 것이 사람의 마음이다. 경전에 나오는 부처님의 말씀을 교훈으로 삼아 인생의 길을 올바로 살아가는 생활의 지혜를 찾고 삶을 다시 한 번 새롭게 결심해 보면 좋을 것이다.

　『팔리중부경전』 제3권에서는 과거, 현재, 미래 전 생애를 통해 우리가 가장 중요한 시간을 이렇게 이야기하고 있다.

　　과거에 매달리지 말고 미래를 원하지도 말라.
　　과거는 이미 사라졌고 미래는 아직 오지 않았느니라.

꿈은 여기 현재의 일에서 가져야 할 것이니

이루고자 하는 뜻에 확고부동하여 흔들림 없이 자신의 능력을

개발하여야 한다.

오로지 오늘 해야 할 일에 최선을 다해 땀 흘려 노력하라.

이렇게 사는 사람에게는 영광이 있고 현자의 칭찬이 따르리라.

이 경전의 말씀으로 보면 현재의 삶이 가장 중요하다는 것을 알 수 있다. 그러나 보통 사람들은 과거에 있었던 일을 현재까지 들고 와서 그 무거운 짐을 지고 계속 고통과 번뇌 속에서 헤어나지 못하고 사는 것이 일반적인 모습이다.

불교에서 말하는 도인이란 과거, 현재, 미래 없이 하나인 듯 사는 분을 말한다. 어떤 큰스님에게 이러한 일화가 있다.

어느 날 큰스님이 상좌와 같이 산 너머 마을에 시주를 하러 갔다가 돌아오는 길이었다. 어린 상좌가 다리는 아프고 목이 말라 쉬었다가 가려고 우물가에 여인들이 모여 있는 곳에 가서 아낙네들에게 물을 좀 달라고 하였다.

"아이고 스님 목이 많이 마르신가 봅니다. 여기 있으니 드시고 가십시오."

큰스님은 물을 다 마신 후에 "아, 시원하구먼." 하시며 우

물가에 있는 여인을 안고 입을 맞추었다. 그곳에 있던 여인들이 세상에 저런 못된 가짜 중이 있나 하며 달려들자 큰스님은 뒤도 돌아보지 않고 도망을 가니 상좌 스님 역시 같이 줄행랑을 쳐서 산을 넘어 허겁지겁 도망을 갔다. 그리고 한참을 같이 걷던 어린 스님은 도대체가 큰스님이 하신 일이 이해가 가지 않아 화가 났다. '이 분이 정말 큰스님인가?' 하고 방금 일어났던 일을 생각하며 고민을 하며 산을 걷고 있다가 큰스님에게 말을 건넸다.

"스님, 도대체 아까 우물가에서 하신 행동을 이해하지 못하겠습니다."

그러자 스님은 "이놈이 아직도 그 봉변을 당한 고통을 힘들게 여기까지 끌고 왔느냐?" 하시며 상좌 스님을 나무랐다.

"쫓아오는 여인 덕에 우리가 쉽게 산을 넘어왔다. 나는 아까 다 잊었다."

어떻게 보면 우리는 세상을 살면서 이런저런 괴로움이나 고통을 자신이 만들어 짊어지고 다니는 것과 마찬가지이다. 모든 세상일이나 모습은 우리 자신이 만들어 놓은 것이지만 지나고 나면 내 것은 사실 없다. 그런데 어리석은 무명 속에 살면서 지나간 과거의 시간에 집착하며 살아가고 있는 것이다.

미래 또한 오지도 않은 고통을 가지고 두려워하고 괴로워

155

하면서, 심지어는 자살을 하고 우울증에 걸려서 계속 과거, 현재, 미래가 온통 슬픔과 괴로움의 번뇌 속에서 살며 허덕이고 있는 것이다.

그리고 삼세를 통한 시간에 대한 집착뿐만 아니라, 물질이나 명예 등에 대한 것도 마찬가지이다. 그동안 자신이 만들어 놓은 돈과 명예들을 영원히 간직하려고 계속 자신의 것이라고 집착하면서 고통과 번뇌를 달고 다니는 것이다. 부처님께서 제일 먼저 버리신 것이 물질적인 부와 명예의 자리인 왕자의 지위였다. 그다음으로 부모와 부인과 자식에 대한 집착을 끊음으로써 진정한 비움의 자리에 올랐다.

『화엄경』에서 "일체유심조(一切唯心造)"라고 하듯이 일체는 다 마음이 만들어 놓은 것이다.

새해에는 지나간 과거의 잡다한 생각과 일들을 버리고 지금 이 순간 밝은 지혜의 광명을 보시고, 현재의 일에 충실하며 열심히 삼보를 공경하고, 마음자리 닦는 데 게을리하지 말고, 항상 맑은 눈과 넓은 마음을 가지고 모두를 사랑하는 마음으로 열심히 정진할 수 있기를 바란다.

하루 일하지 않으면 하루 먹지 않는다

어느 날 젊은 수좌 스님들이 백장 스님에게 설법을 청했다.

"스님, 저희들에게 좋은 법문을 내려주시기 바랍니다."

"그래, 좋은 일이지. 우선 밭에 나가 일을 하고 돌아와라. 그리고 일이 끝나면 내가 불법을 설하리라."

젊은 스님들은 밭에 나가 열심히 일을 하고 돌아와 다시 스님에게 설법을 청했다. 하지만 백장 스님은 스님들에게 아무 말씀도 하지 않으시고 앉아만 계셨다.

여기서 스님이 아무 말씀도 하지 않으신 것은 밭을 갈고, 풀을 메고, 노동을 하는 것 자체에도 도를 닦는 한 과정이며 도를 닦는 실천이라고 생각하셨기 때문이다. 신성한 노동이야말로 도와 직결된다는 것을 보여 주신 것이다.

현대인들은 문명의 놀라운 발달로 인해서 모든 것이 옛날

같지 않은 환경 속에서 살아가고 있다. 눈으로 보는 것이나 귀로 듣는 것, 코로 맡는 모든 냄새, 그리고 입으로 먹는 수많은 산해진미, 또 몸이 즐길 수 있는 의식주에서의 혁명으로 느끼는 즐거움, 또한 정신적인 생각 등이 정보의 홍수로 인해 상상을 초월하는 정도로 확장되어서 나타나는 느낌 속에서 살아가고 있다. 어떻게 보면 지금 이 땅에 살고 있는 우리가 극락에서 살고 있는 것이 아닌가 하는 생각이 들기도 한다. 과학의 발달로 인해, 과학이 만들어 놓은 틀 속에서 곡예를 하며 이리 뛰고 저리 뛰며 모두가 최고의 행복을 누린다고 생각들을 하며 살고 있는지도 모른다.

하지만 복잡한 문명 속에서 바쁘게 사는 우리들에게 정신적으로나 육체적으로 너무 지쳐 있어서 삶의 진정한 가치 기준을 판단하는 윤리관, 인생관, 종교관, 철학관, 사회관, 우주관은 혼란스러워지고 있다. 즉 어느 것이 올바른 믿음이고, 올바른 윤리적 선택이고, 어떻게 사는 것이 멋진 인생인지 종잡을 수 없는 세상인 것이다. 그런 세상 속에서 자신을 돌아보고 진정한 도의 세계를 알고 깨달음을 성취하고픈 생각은 누구에게나 있을 것이다. 그래서 세상살이가 너무 힘드니 어디 산속에나 들어가 조용히 쉬어나 보자 하는 마음을 가지는 것이 오늘 이 시대에 사는 소시민들의 하나 같은 소망이다.

그렇지만 세상은 겉에 보이는 조용함이나 아름다운 모습 등이 전부가 아니다. 그 조용함 속에도 굉장한 소리가 있고, 외형상의 아름다움 뒤에는 엄청난 모순이 숨어 있다.

그렇다면 어디서 삶의 도를 찾아야 할까? 그것은 바로 신성한 노동에서 찾을 수 있다고 본다. 정신적 노동 혹은 육체적 노동 모든 것이 자신을 지탱하고 존재하게 하는 기본이다.

위의 이야기에서 말한 당나라 때의 스님인 백장(百丈) 선사는 "하루 일하지 않으면 하루 먹지 말라." 즉, '일일부작 일일불식(一日不作 一日不食)'이라는 유명한 말을 남겼다. 바로 노동의 신성함과 도 닦는 길을 우리들에게 단도직입적으로 말씀하신 것이다.

백장 선사가 이 말씀을 하시게 된 것에도 이야기가 따른다. 백장 선사가 90세가 되어서도 다른 대중처럼 울력을 하므로 제자들이 어느 날 그의 농구(農具)를 감추었다. 그러자 백장 선사는 단식을 하며 "하루 일하지 않으면 하루 먹지 않는다."라고 하였다고 한다.

사실 수행을 하여 도를 깨닫는다는 것은 어떠한 형식에 있는 것이 아니다. 따라서 수행자의 행(行) · 주(住) · 좌(坐) · 와(臥) 즉 움직이거나, 앉아 있거나, 서 있거나, 누워 있거나 그대로가 수행과 직결된다고 말씀하신 것이다.

어느 시대보다도 바쁘게 사는 현대인들에게는 이 말씀이

아주 좋은 좌우명이 될 것이다. 스피노자라는 철학자는 "내일 세상이 멸망할지라도 오늘 한 그루의 사과나무를 심겠다."고 하였듯이, 하루하루를 열심히 한눈팔지 않고 살아간다는 것은 중요한 수행이며 아름다운 인생을 사는 법이다. 남의 허물이나 부질없이 이야기하고, 세상을 탓하고, 남의 잘못으로 돌리고, 자신의 잘못은 알지 못하는 어리석은 삶에서 벗어나 자신을 돌아보고 참회 수행하는 마음 닦는 일에 노력해야 할 것이다.

『별역잡아함경』에도 이런 말이 있다.

모든 사람들은 저마다 이익을 위해 각각 마음속에 하고 싶은 것이 있다. 마음속에 바라는 것은 똑같으니 땀 흘려 노력하는 자만이 그것을 얻을 수 있다.

하늘에 있는 해와 달도 한시도 쉼이 없이 돌아가고 있다. 그리고 땅 위의 생명과 만물 역시 한순간이라도 쉼이 없이 움직이고 생동하여야만 존재한다. 내가 성공하고 도를 깨닫는 방법은 하루도 쉼이 없이 열심히 일하는 것이다. 바로 이것이 노동으로 도를 깨달아 가는 길이다.

수행을 하여 도를 깨닫는다는 것은
어떠한 형식에 있는 것이 아니다.
수행자의 행(行)·주(住)·좌(坐)·와(臥)
즉 움직이거나, 앉아 있거나,
서 있거나, 누워 있거나
그대로가 수행과 직결된다.

하늘 위, 하늘 아래 내가 가장 존귀하다

💬💛

5월은 부처님오신날이 있는 달이다. 그래서인지 자연은 얼었던 겨울의 차가운 기운을 벗어나 생명이 태어나 살 수 있는 기운을 일으켜 생동감 넘치는 환경을 만들어 가는 것 같다.

　　모든 생명체는 누가 만들지 않아도 업(業) 따라 저절로 생겨 났다가 업에 따라 소멸한다. 그렇다면 부처님도 업 따라 태어나신 것일까? 아니다. 부처님은 크신 원력(願力)으로 오신 것이다. 원력이란 과거 생에 수행자가 행한 수행력에 의해 나오는 것으로 모든 중생을 건지겠다는 서원이 담겨 있다. 싯다르타 태자가 태어나자마자 양손으로 하늘과 땅을 가리키고 "천상천하 유아독존(天上天下 唯我獨尊)"라 하고 사방으로 일곱 걸음을 걸으실 때마다 연꽃이 피어나고 아홉 마리 용이 물을 뿜어 목욕시킨 것은 바로 본원력의 힘에 의해서 나온 것이다.

부처님이 동서남북 사방으로 걸어가셨다는 것은 공간을 나타낸 것이다. 특히 부처님이 펼치게 될 보편적 진리의 무한한 영역을 상징하고 있는 것이다.

그리고 일곱 걸음은 육도윤회를 벗어나 깨달음의 세계로 나갔음을 상징하는 것이며, 아홉 마리 용의 목욕은 동서남북과 그 간방, 중앙의 천신들이 부처님의 탄생을 기뻐함을 나타낸다. 이는 부처님의 탄생을 모두가 기뻐했다는 뜻이다.

또한 하늘과 땅을 가리키고 "하늘 위 하늘 아래 내가 가장 존귀하다(天上天下 唯我獨尊)."라고 한 것에서, 하늘은 공(空)을 뜻하고 땅은 물질을 나타낸다. 즉 물질과 정신이 분리된 형이상학적 존재가 아니라 나라는 주체적 삶 속에 통일되어 있음을 상징하며, 당시 이원론적 브라만교의 세계관을 벗어나 인간의 존엄성과 인간의 주체성을 표현한 것이다.

당시 브라만교는 인간을 신의 피조물로 인식하고 인간은 신의 뜻에 따라 좌우된다고 보았지만 부처님은 탄생 순간 신에 대한 복종과 희생을 넘어선 것이다.

끝으로 연꽃이 걸음마다 핀 것은 더러운 곳에 있으면서도 항상 깨끗하다는 의미이다. 이 같은 상징은 비록 사람이 오욕의 삶 속에서 살고 있지만 깨달음을 성취하게 되면 먼지 하나 없는 청정한 본성을 드러낼 수 있음을 나타내는 것이다.

이상의 탄생 설화에 대한 해석은 곧 전쟁과 살인, 유일신의 미신에 빠진 인간과 모든 신, 축생, 지옥 생명, 아귀, 아수라들을 구원하기 위하여 부처님이 이 땅에 오심을 나타낸 것이다.

다음 게송을 읽어 새기고, 모두 깨달을 수 있기를 바란다.

왕궁과 도솔천과 중생제도와 태에서 나옴이

시종일관하여 애초부터 가고 옴이 없으니

자취를 쓸어 없애고 뿌리를 뽑아 버려야

불 속의 연꽃이 곳곳에 피어나리

깨달음을 일으키는 보시

부처님께서 이와 같이 말씀하셨다.

악한 사람 백 명에게 공양하는 것이 한 명의 착한 사람에게 공양하는 것만 못하며, 착한 사람 천 명에게 공양하는 것이 한 명의 오계 지키는 사람에게 공양하는 것만 못하며, 오계 지키는 사람 만 명에게 공양하는 것이 한 명의 수다원에게 공양하는 것만 못하며, 백만의 수다원에 공양하는 것이 한 명의 사다함에게 공양하는 것만 못하며, 천만 명의 사다함에게 공양하는 것이 한 명의 아나함에게 공양하는 것만 못하며, 억 명의 아나함에게 공양하는 것이 한 명의 아라한에게 공양하는 것만 못하며, 십억의 아라한에게 공양하는 것이 한 분의 부처님에게 공양하는 것만 못하며, 천억의 부처님에게 공양하는 것이 한 사람의 생각 없고 머묾 없으며 닦음 없고 얻음 없는 이에게 공양하는 것만 못하다.

－『사십이장경』 11장

『사십이장경』의 이 구절은 불교를 공부하는 신도가 절에 시주하거나 이웃과 사회에 보시할 때의 마음가짐을 가장 잘 표현한 부처님의 말씀이다. 특히 맨 끝의 말씀은 보시의 가장 올바른 가르침을 일러주신 대목이다. 즉 무념(無念, 생각 없음), 무주(無住, 머묾 없음), 무수(無修, 닦음 없음), 무증(無證, 얻음 없음)의 무심도인에게 하는 보시야말로 진정한 보시인 것이다.

남을 도와주면서 동정심을 가지고 도와주거나 인심을 쓰는 경우는 진정한 보시가 아니다. 또는 절에 보시를 하면서 도와준다는 식의 보시는 공덕이 되지 않는다. 지극한 정성으로 삼보에 대한 공경심을 가지고 아무 생각 없이, 머문 바 없이, 닦은 바 없이, 얻은 바 없이 보시한다면 그의 공양은 무량한 공덕으로서 나타나게 된다.

『금강경』에서는 이렇게 마음을 내는 상태를 "응무소주 이생기심(應無所住 而生其心)"이라는 경지로 표현한다. 즉 "어디에도 마음을 머물지 않도록 하고 마음을 일으켜 세우라."는 것이다.

세상사 모든 일에 이와 같이 마음을 낼 수 있다면 그것이 깨달음이라 할 수 있다. 하지만 속세에 살아가면서 그것이 쉽게 되지는 않는다. 그러나 위의 『사십이장경』 11장의 말씀 중에 범부가 가까이 가야 할 대상을 순차적으로 말씀하신 것을 본다면 내가 어디에 접근해서 공양하고 보시하고 불공을 해야 진실되게 사는가를 알 수 있다.

경전의 말씀으로 악한 사람보다는 착한 사람, 착한 사람보다는 계를 잘 지키는 사람, 또 그 위로는 네 단계의 수행자(수다원, 사다함, 아나함, 아라한)를 자신이 공경하고 보시해야 하며, 그 위로는 부처님에게 보시하고 불공을 드려야 한다는 것을 알 수 있다.

내가 믿는 종교가 수행자와 부처님를 위한 믿음인가, 혹은 귀신을 믿는 신앙인가에 따라서 자신의 신앙의 모습이 올바로 나타나는 것이다. 그리고 마음에서 차별심을 버리고 선입관을 버리고 자기 집착을 버리고 순수한 마음으로 모든 것을 대할 때 대자유인이 되는 것이다.

진정 나를 사랑한 사람

살아가면서 마음에 항상 좋은 기억으로 남아 있는 사람들이 있다. 그들은 대개가 자신보다 남을 먼저 생각하며, 겸손하거나 남을 원망하지 않고 항상 자신의 탓으로 돌리고 희생하는 사람들이다. 또한 말이 없는 사람, 그러나 행동으로 자신을 자제하고 노력하는 사람들이다.

그중에서도 나를 진정으로 사랑했던 사람은 더더욱 오랫동안 내 가슴에 남아서 오랜 세월 동안 좋은 향기를 내준다. 여기서 진정으로 나를 사랑했던 사람이란 조건 없이 나에게 사랑을 주었던 분들로서 특히 부모나 부부, 가족, 친구, 이웃, 이성 중에서 아가페적인 사랑을 준 사람들이라고 볼 수 있다. 그리고 또 오랫동안 기억에 남는 사람은 나를 가르치고 지도하여 주시던 좋은 스승들이다. 그들은 항상 나의 잘못을 꾸짖거나 감추어

준 분들이다.

여기서 열거한 분들의 공통점은 모두가 부처님과 같은 특성을 가졌다는 것이다. 부처님은 우리 중생을 모두 구하려고 노력하셨지만 우리를 구제할 어리석은 중생이라는 생각을 하지 않고 우리 곁에 오셨기에 진정 위대하신 것이다.

그래서 『금강경』 제3 「대승정종분」에 말씀하시기를 "이와 같이 한량없고 수가 없고 끝이 없는 중생을 해탈시키지만, 실은 한 중생도 해탈을 얻게 하였다는 생각이 없느니라(如是滅度無量無數 無邊衆生 實無衆生 得滅度者)."라고 하셨다. 이 말씀은 남에게 사랑을 주고 보시를 하지만 베푼다는 생각 없이 베푸는 부처님의 한없는 자비를 의미한다.

그러나 세상 사람들은 모두가 남을 대할 때 이해관계를 따지고 서로를 사귄다. 받은 게 있어야 주는 것도 있다는 생각으로 살고 남을 대한다. 결혼축의금 등 애경사에서부터 생활 속에서 일어나는 모든 일을 자신의 이해관계를 가지고 계산하고 살고 있다는 말이다. 어떻게 보면 당연한 것 같지만 그런 삶 속에서 자신도 모르게 남에 대한 배려가 자꾸 사라지고 변해 간다고 볼 수 있다. 하지만 이런 복잡한 세상 속에서도 자신을 희생하거나 남을 위해 조건 없이 사랑을 베푸는 사람들이 많이 있기에 세상이 아름다운 것이다.

남에 대한 배려가 자꾸 사라지고
변해 가는 세상이다.
하지만 그 속에서도 자신을
희생하거나 남을 위해 조건 없이
사랑을 베푸는 사람들이 많이 있기에
세상이 아름다운 것이다.

얼마 전에 우리 절에서 신도님들이 장기 기증식을 한다고 할 때 참여하는 분들을 보면서 부처님 법문을 바로 듣고 깨달은 분과 자기 집착이 강한 분들의 구분이 확연히 나타나는 것을 느꼈다. 남을 위해 진정한 사랑을 베풀 줄 아는 분들은 많지 않다는 것이다.

『금강경』 법문을 열심히 들어도 그것을 실천하는 분이 있는가 하면 귀로는 열심히 들어도 생각과 행동은 전혀 그것을 따르지 못하는 분들이 있다. 아마 자신도 모르는 전생의 업장이 두터운지 아상, 인상, 중생상, 수자상을 버리는 것은 매우 어려운 일이라는 것을 새삼 느꼈다.

잠시 오온이 뭉쳐 존재하는 이 몸을 진정한 나라고 생각할 때 아뇩다라삼먁삼보리의 마음인 진리의 마음(보리심)을 내는 것은 멀어지고 만다. 하지만 이 몸과 삶은 잠시 물거품이요, 꿈이요, 그림자요, 이슬이요, 번갯불과 같은 것이라고 바로 깨달으면 나를 희생하거나 자신을 잊어버리는 것은 쉬운 일이다. 이를 깨달을 수 있다면 남을 진정 사랑할 줄도 아는 올바른 불자로서의 길을 나아갈 것이다.

옷을 벗지 못하는 스님

💬

행자 생활 때 스님들은 잘 때 승복 바지를 벗지 않고 자야 한다고 해서 승복 바지를 꼭 입고 자는 버릇이 생겼다. 그러나 요사이는 나도 모르게 잘 때는 승복 바지를 벗어놓을 때가 많다. 그래서 나 자신이 해이해졌구나 하는 생각이 들곤 한다.

그런데 그 승복의 의미가 때로 나에게 가식의 모습으로 보일 때, 수행자로서 진실을 추구하는 가치 기준에서 순간 번뜩 나 자신을 돌아보는 기회가 되었다. 정말 승복을 입어야만 수행자인가 하는 것이다. 과거 큰스님들은 수행하면서 때로는 저잣거리 엿장수의 모습으로 혹은 서당에서 훈장의 모습으로 살았던 기록이 있다. 그렇다면 승복 자체에 절대적 기준은 없는 것이다. 하지만 과거 습관에 의해서 사람들은 정례화된 모습들을 머릿속에서 찾아내 인정하는 습관이 있다.

도(道)의 세계에서는 어떠한 절대적 기준이나 생각, 사상과 이념 혹은 어떤 형상과 모습을 설정하는 것을 금하고 있다. 그런데 옷 모양을 가지고 도를 판단할 수 있겠는가? 사람들은 속고 있을 뿐이다. 도만이 아니라 세상살이가 전부 겉모습으로 가치를 판단하는 것이 상식이다. 스님은 가사와 승복과 염주와 지팡이, 걸망 등을 걸쳐야만 스님으로 보고, 귀부인은 아름답고 고가의 옷과 패물을 지녀야 하고, 선비는 갓을 써야 하고, 신사는 양복을 입어야 한다는 것은 결국 사람이 만들어 낸 기준일 뿐이다.

그런저런 기준이 세상의 틀을 만들어 놓았고 사람들은 그 틀 속에서 자신도 모르게 올가미를 씌워놓고 속아 사는 것이다. 그래서 부처님은 왕자의 자리를 버리고 출가하실 때 왕자의 아름다운 옷을 벗어버리고 길거리에 버려진 누더기를 걸치고 수행하셨다.

그때의 누더기가 가사(袈裟)의 시초이다. 스님들이 걸치는 가사는 승려의 옷이란 뜻이다. 산스끄리뜨 kasaya의 음역으로, 가사(加沙)·가사야(袈裟野)로도 옮겨진다. 동의어로는 이진복(離塵服)·간색의(間色衣)·무구의(無垢衣)·공덕의(功德衣)·복전의(福田衣) 등이 있다. 본래는 부정색(不正色)·염색(染色)·괴색(壞色)의 의미인데, 법의를 오정색(五正色 : 靑黃白赤黑) 이외의 잡색(雜色)

으로만 물들여 쓰도록 규정했기 때문에 이러한 이름이 붙게 되었다.

가사를 만들 때는 대체로 사람이 버린 옷 또는 죽은 사람의 옷 등 낡은 옷을 조각조각 벤 뒤, 백팔번뇌(百八煩惱)의 의미를 본떠서 108개의 천 조각을 모아 꿰매어 만들었다. 하지만 지금의 승복은 버린 옷이 아니라 최고급의 옷이다. 한 벌에 백만 원까지 가는 옷이 일반화되었다.

요사이 승복을 벗지 못하는 이유를 곰곰이 생각해 보니 오직 하나 중생제도의 방편으로 인해서 옷을 입고 있구나 하는 생각이 든다. 내가 승복을 현재의 형태만을 고집하고 사는 것은 현재의 중생의 눈이 거기까지이므로 그들을 위해 혼돈과 질서를 느끼지 않게 하려는 것이다.

지극한 도의 세계는 걸림이 없지만 중생세계는 걸림이 많으므로 걸림을 바탕으로 그들과 더불어 살아야지 사바세계의 중생을 떠나서는 부처도 없다. 중생이 있기에 부처가 필요한 것이다. 만약 중생이 없다면 부처가 갈 곳이 없고, 모두가 부처이기 때문에 세상은 그대로가 극락이다. 하지만 세상은 오탁악세로 가득 차서 서로 미워하고 질투하고 욕심내며 싸우고 죽이고 사랑하며 정신없이 살아가고 있지 않은가.

부처님 말씀에 마음과 부처와 중생이 하나라는 말이 있다.

177

한마음을 깨치게 되면 중생도 모두가 부처로 보이고 어느 하나 미워할 것이 없고 버릴 것 하나 없는 동체대비(同體大悲)의 사랑을 가지게 되기 때문이다.

　동체대비란 부처님과 보살이 중생과 자신이 하나라는 것에서 나온 말이다. 또한 아미타불 부처님이 모든 중생을 극락세계에 태어나게 하려고 하기 때문에 그것을 동체대비의 사랑이라고 하는 것이다. 세상이 아무리 어렵고 험난하다 할지라도 모두가 같은 불성을 가진 불제자이니 서로가 서로를 사랑하고 산다면 언젠가는 불국토가 오지 않을까 생각해 본다.

등 공양을 올리는 마음

💬❤️

세상이 생각한 대로 뜻대로 안 되고, 병고와 마음의 아픔, 돈과 명예와 아름다움을 구하려고 해도 안 되는 삶에서 부처님의 가피로 행복을 찾기 위해 사람들은 절에 가서 불공을 드리고 기도를 한다.

이렇게 불공을 드리기 위해서 여러 가지 공양을 베푸는 공덕은 매우 크다. 공양을 올리는 것은 부처님의 은혜에 보답하는 마음의 표시이며 일체중생의 은혜를 갚는 길이라고 한다. 복을 짓는 가장 확실하고 중요한 공덕인 셈이다. 부처님의 10대 명호 중 응공(應供)이란 존칭도 '응당히 공양 받을 분'이란 뜻이 담겨 있고, 아라한을 복전(福田)이라 하는 것도 아라한이 신자로부터 공양을 받으면 그 과보로 복을 준다는 의미가 있기 때문이다.

공양은 부처님 당시 재가신도들이 스님들에게 음식, 옷 등을 바친 데서 유래하였다. 부처님이 성도하기 전 우유를 넣고 끓인 죽을 공양했던 '수자타의 공양'과 부처님을 열반에 이르게 한 금속 세공인 '춘다의 마지막 공양'에 이르기까지 부처님 당시부터 재가신도들이 집에서 초청해 공양을 베풀어 왔고, 후에 사찰이 생기면서 신도들이 음식을 장만해서 찾아오는 방식으로 바뀌었다. 이 공양법이 발전하여 안거를 지내는 스님들만을 대접하는 '대중공양'과 사찰을 찾는 대중을 위해 차별 없는 마음으로 물질을 베푸는 '만발공양' 등으로 이어졌다.

특히 부처님오신날이 되면 바쁜 일상생활 때문에 자주 가지 못하던 사찰에 찾아가 등을 달고 불공을 올린다. 이때 하는 것이 바로 등 공양으로, 육법공양(六法供養) 중 하나이다. 신라시대부터 부처님 전에 바치는 여섯 가지 공양이 있었는데, 이것을 가리켜 육법공양이라 한다. 향(香), 등(燈), 꽃(花), 과일(果), 차(茶), 쌀(米) 등이 보편적으로 쓰인다.

먼저 향은 해탈향(解脫香)을 말한다. 즉 계(戒)를 지키겠다는 마음의 지계(持戒)의 향, 참된 마음의 안정을 성취하고자 하는 선정(禪定)의 향, 마음 내면의 참된 지혜(智慧)를 성취하고자 하는 지혜의 향 등, 계정혜(戒定慧)의 향을 부처님께 올림으로서 궁극적 해탈을 성취하겠다는 마음가짐으로 부처님께 향을 올리는 것이다.

등이란 반야등(般若燈)을 의미한다. 등 공양은 깨달음의 광명(光明)을 뜻한다. 미혹(迷惑)의 어둠 속에 지혜의 광명을 비추어 중생을 정법(正法)의 세계로 인도하는 등대이자 안내자가 바로 등이요, 촛불인 것이다. 또한 등 공양은 부처님의 자비광명을 의미하기도 한다. 우리가 밝히는 등불을 다른 이웃에게 나누어 줘도 불빛이 감소되지 않듯이 부처님의 자비광명 또한 다함이 없는 것이다.

꽃이란 만행화(萬行華)를 의미한다. 만행(萬行)이란 자비(慈悲)를 기반으로 한 만 가지의 행을 뜻한다. 우리 불교인들은 불교의 이념인 자비의 실천을 위해 무수한 선행(善行)을 행하며 그 선행이 꽃 피워 만행의 꽃, 만행화를 피워낸다. 불교인의 발걸음마다 자비의 꽃이 피기를 다짐하는 가운데 만행의 꽃을 부처님께 공양 올리는 것이다.

과일은 보리과(菩提果)를 의미한다. 만행의 꽃, 자비의 꽃이 무르익으면 그곳에서는 자비의 열매가 생겨난다. 자비의 열매는 보리, 즉 깨달음이며 그 깨달음의 과일이야말로 불교인이 피워내야 할 목적이라 할 수 있다.

차는 감로다(甘露茶)를 의미한다. 차 공양은 병들지 않고 죽지 않는 불사(不死)의 약(藥)인 감로수(甘露水)를 부처님 전에 공양 올리는 것과 같다. 또한 청정한 감로수는 삼독심(三毒心)에 의한 중생들의 갈증을 시원하게 풀어주는 더할 나위 없는 공양이기도 하다.

미(米)는 선열미(禪悅米)를 말한다. 음식 공양(쌀 공양)은 법열(法悅)로 가득한 기쁜 마음을 의미한다. 법열은 산란한 마음을 안정시키고 그 속에서 지혜를 체득해 가는 기쁨을 말한다. 사바세계 중생이 음식을 통하여 몸을 지탱한다면 극락세계 중생은 법열을 즐기면서 살아간다고 한다.

이상의 여섯 가지 공양하는 마음이 모여서 깨달음을 얻을 때 행복이 온다. 모두가 깨달음의 등을 켜 무명에 쌓여 어리석게 사는 자신의 삶을 바꾸고, 만행의 등으로 자비를 행해서 괴로운 이웃들에게 행복을 전하여 많은 복을 심을 수 있기를 바란다. 또한 과일과 같은 결실의 보리등을 켜고, 감로수의 등을 켜 건강하고 행복한 삶을 살고, 깨달음, 법열, 기쁨의 등을 달아 항상 부처님의 품 안에서 기쁜 마음으로 살아가기를 기원한다.

우리의 삶과 존재하는
모든 것들은 알게 모르게
생각과 입과 몸으로
지은 업으로부터 만들어진
인연의 산물이다.
그렇다면 지금 만들어진
세상이나 내가 겪고 있는
고통은 어떻게 처리해야 할까?
집착에서 온 것이니
다 없애 버려야 할까?
아니다. 그것 역시 집착이다.
어차피 내가 저질러서
만든 것이니
내가 처리해야 내 인연의
굴레에서 벗어날 수 있다.

4

인류를 구원하는 최고의 약, 명상

💬💙

지금 전 세계 모든 인류가 코로나19 바이러스 퇴치를 위해 경제 활동과 종교 모임을 포함한 생활의 모든 분야에서 잠시 거리 두기와 멈춤의 시간을 가질 것을 권고하거나 강제성을 동원해 중지 명령을 내리고 있다. 그것이 인간의 피해를 최소화하는 최고의 수단이라는 생각에서다.

과거 여러 차례 세계전쟁에서 겪었던 인류의 죽음과 경제적 손실은 매우 무서웠던 기억이다. 그 사건들은 다 인간의 탐욕과 분노와 어리석음에서 일어났고 현재도 진행 중이다. 지금 각 나라가 가지고 있는 핵폭탄은 인류를 모두 파멸시키고도 남을 많은 양이다.

하지만 핵폭탄보다도 더 무서운 것이 있다. 그것은 기후 위기 비상사태다.

영국 옥스퍼드 사전이 2019년 올해의 단어로 '기후 비상사태(climate emergency)'를 선정했다. 옥스퍼드 사전 측의 자체 데이터 분석에 따르면 '기후 비상사태'의 검색량은 2019년 들어 100배가량 늘어난 것으로 나타났다. 또한 비상사태와 가장 빈번하게 결합해 사용된 단어가 바로 기후였으며, 이는 보건 비상사태의 세 배 이상이었다.

자연 파괴와 화석연료 사용으로 인한 환경오염 등으로 일어나고 있는 것들이 기후 위기 비상사태를 불러들이고 있다. 여기저기서 가뭄과 산불, 폭염와 혹한은 물론, 남극과 북극의 빙하가 녹아내리는 등 기후 위기 상황은 매우 심각하다. 인류의 생존이 위협받는 시간은 얼마 남지 않았다고 과학자들은 예견하고 있다.

그러면 질병과 전쟁과 기후 위기의 이 모든 상황을 치료할 수 있는 유일한 대책은 무엇일까? 해답은 인간의 올바른 판단에 있다. 잘못 대처하면 인류는 파멸을 맞이할 것이고, 지혜로운 결정과 문명의 새로운 전환점을 찾는다면 살아남을 것이다.

지혜로운 결정이 곧 인류를 구할 최고의 명약이다. 그 명약은 어디에 있는가? 바로 명상에 있다고 본다.

영어로 명상을 뜻하는 'meditation'과 약을 뜻하는 'medic-ine'은 같은 어원에서 나왔다. 마음은 명상으로 고칠 수 있고, 육체는 약으로 고칠 수 있다. 그러나 육체와 정신이 결국은 하나의 유기체이기에 명상이 인류를 구원하는 최고의 약일 수 있다. 즉 명상은 인간이 걸리기 쉬운 모든 질병을 물리칠 수 있는 유일한 치료법이다. 특히 탐욕과 분노와 어리석음이라는 인간의 세 가지 독을 물리칠 수 있는 명약이다.

명상에 있어서 사마타(samatha, 止) 상태는 확실한 그침이기 때문에 움직임 속에서는 수행할 수 없다. 그래서 중국에서는 그칠 지(止) 자로 번역을 하였다. 사마타는 모든 허망된 생각을 멈추게 하여 마음을 고요하게 하여 삼매를 목표로 하는 수행법이다. 끝없이 달리기만 하던 마음을 묶어 놓고 쉬는 것이 사마타 묘약이다. 지금 코로나 사태와 기후 위기와 핵전쟁을 극복하는 치유의 약이다.

또한, 새로운 문명의 전환점을 찾을 때가 온 것이다. 그러기 위해 나를 관하는 수행이 중요할 때가 온 것이다. 그 관 수행을 위빠사나(vipaśyanā, 觀)라고 한다. 마음의 해탈, 그 상태에서 번뇌를 부수는 것이 위빠사나이다. 즉 관조, 관찰하는 명상법이다. 허망한 생각들을 멈추고 번뇌를 부수는 관법과 멈춤의 사마타 이 둘을 같이 수행하는 것이 지관(止觀) 명상 수행법인 것이다.

자, 이제 내가 가지고 있는 모든 것을 내려놓고 잠시 멈출 때 고요해지고 올바로 진리를 관찰할 수 있는 현재 미래 과거를 보는 지혜가 생긴다. 그리고 새로운 미래의 문명 세계는 서로 대결의 구도가 아닌 화쟁(和諍)으로 모든 논쟁을 화합으로 바꾸고 욕망의 불이 꺼진 시대이다. 어서 명상의 시대가 와야 할 것이다.

영어로 명상을 뜻하는 'meditation'과
약을 뜻하는 'medicine'은
같은 어원에서 나왔다.
마음은 명상으로 고칠 수 있고,
육체는 약으로 고칠 수 있다.
그러나 육체와 정신이 결국은
하나의 유기체이기에 명상이
인류를 구원하는 최고의 약이다.

마음속 세 가지 독을 없애는 법

누구나 살아가면서 많은 사람과 인연을 맺고, 세상사는 자리를 찾기 위해 열심히 배워 가는 과정에서 선악의 이론과 접하게 된다. 그리고 수많은 종교 사상의 바다에서 인연을 맺고, 믿든 안 믿든 각자의 틀을 만들어 가며 살아 가게 된다.

그러면서 이웃·가정·국가와 만나고 다양한 일들을 경험하며 행복, 슬픔, 정의, 불의, 괴로움, 미움, 분노, 사랑에 휩싸여 살아가게 된다. 즉 삶이라는 무대 위에서 어떻게 주인공의 연기를 할지 고민하면서 그 속에서 갈등과 혼돈을 갖게 되는 것이다.

지금 현대인들은 이 모든 과정이 서로 엉켜서 서로를 불신하고 미워하며 분쟁과 싸움이 일어나고 있다. 그러나 올바른 진실과 만나고 자신의 삶이 정리되는 길을 찾아보려 한다면 인간의 근본 세 가지 무서운 독인 삼독심을 버리는 것이 가장 중요하다. 이를 버리고 살 수 있다면 모든 곳에 평화가 올 것이라고 본다.

그러면 삼독심이란 무엇인가?

첫 번째 탐심(貪心, 탐욕스러운 마음)은 자기의 뜻에 맞는 일이나 사람, 물건 등에 애착하여 가진 것에 만족하지 못하고 분수에 넘치는 욕심으로 나타나는 마음 작용이다. 그로 인하여 질서와 윤리, 도덕이 무너지고 국가와 사회는 부정부패로 썩어 간다. 끝없이 치솟는 인간의 욕망은 심지어 자연까지도 몸살을 앓게 하고 있다.

두 번째 진심(瞋心, 성내는 마음)은 자기 마음대로 되지 않는 것에 대하여 미워하고 분한 마음을 일으키는 작용이다. 그리고 이 진심 때문에 시비와 분쟁이 쉴 새 없이 일어나게 되어 평화와 행복을 파괴한다.

세 번째 치심(癡心, 어리석은 마음)은 세상의 이치와 도리에 어두운 탓에 참다운 진리를 분별하지 못하여 어리석어지는 마음 작용이다. 무엇이 바르고 어떻게 사는 것이 진정한 행복이며, 가치인지를 모르고 모든 허물을 스스로 만들어서 불행을 자초하는 것이다.

그러면 이토록 위험한 독을 어떻게 하면 제거할 수 있을까? 그것은 독을 안고 사는 그 주체인 내가 이 세상과 끝없는 인연으로서 존재할 뿐 실체가 존재하지 않는다는 인연관과 무아(無我)사상을 배울 때 가능한 것이다. 나의 실체가 없다는 생각을 알아차릴 때 이 세상은 그야말로 한바탕 꿈이라는 것을 알게된다. 그리고 우리들은 허깨비를 부여잡고 울고 웃으며 괴로워하고 있는 어리석은 꼴이 되는 것이다.

만약 누가 나를 비난한다고 해서 화가 날 때 나의 실체가어디 있는가를 관찰하면 화는 사라질 것이다. 화는 좋고 나쁜것이 아니다. 그저 자연스러운 것이다. 사실 '화나는 상황'이 있을 뿐이지 '화'는 없다.

마찬가지로 '괴로운 상황'이 있을 뿐이지 '괴로운 나'는 없다. 괴로움이라는 것도 괴로운 나라는 것도, 화라는 것도, 화를내는 나도 실제로 존재하는 것이 아니다. 다만 내가 실체로 착각하고 해석할 뿐이다. '나'를 개입시키지 않고 다만 있는 그대로 자연스럽게 놓아두고 그저 바라보기만 하면 '문제'는 없다.

중요한 것은 마음 작용, 즉 의식 작용 또는 심리 작용이라고 부르는 수많은 마음의 현상에서 오는 삼독심 등 100가지의심리 작용을 잘 관찰하는 마음챙김(Mindfulness), 팔리어로는 싸띠(sati)가 유일한 방법이다.

마음챙김 명상에서는 세상 그 자체는 가만히 있는데 인간이 스스로 그것에 반응을 보이는 결과가 잡념이나 고통이라고 본다. 그래서 육체적 감각과 생각을 그대로 관찰하면서, 해당 감각과 생각 등에 자극되도록 반응하지 않는 것이다.

누가 나에게 욕을 하거나 나를 희롱한다든지, 정치나 사회의 사건 뉴스 등 감정을 자극하는 것을 접한다 해도 신체적 정신적 반응이 일어나지 않도록 그대로 나를 관찰하는 것이 마음챙김의 핵심이다.

자신의 한계를 벗어나자

모든 생명은 자신이 가지고 있는 한계가 있다. 짐승은 짐승으로서의 범주를 벗어나지 못하고 살고, 물고기는 물고기로서, 새는 새로서 한계를 벗어나지 못한다. 나무도 자신이 가지고 있는 특성을 가지고 봄·여름·가을·겨울 모양을 내고 살지 별다르게 자신의 한계를 벗어나지는 못한다. 사람들 역시도 아무리 잘난 척해도, 똑똑한 척해도 자신의 그릇을 벗어나지 못한다. 오히려 자신의 그릇을 알고 겸손하면 남들도 별 탓을 하지 않는다.

하지만 부처님께서는 사람은 중생의 범주에서 벗어나서 깨달음의 세계로 넘어갈 수 있다는 것을 가르치고 있다. 그리고 우리가 뛰어넘어야 하는 한계 범주인 중생이라는 용어는 불교에서 여섯 가지 단계로 표현한다. 신, 인간, 아수라, 지옥, 아귀, 축생의 여섯을 합쳐 육도윤회하는 중생이라고 보통 표현한다.

이 여섯 단계의 윤회는 중생계를 크게 나눈 것이며 각 단계마다 다시 세부적인 단계가 있다. 예를 들어 신의 세계는 높은 단계에서 낮은 단계로 28개의 천당이 있고, 수평적 신의 세계는 도리천에 33천 등으로 구분한다. 인간도 업에 따라 한없는 차별이 있다. 지옥 세계도 지옥, 불지옥, 팔열지옥, 팔한지옥 외에 무간지옥, 무혈지옥, 무저지옥 등이 있다. 축생계도 소·개와 같은 짐승과 하늘을 나는 새, 물속에 사는 고기 등 수없는 종류가 있다. 이 육도 세계를 단계별로 설명해 보면 다음과 같다.

- 제1 지옥계
- 제2 아귀계
- 제3 축생계
- 제4 아수라계
- 제5 인간계
- 제6 천상계(28천) : 무색계 4천, 색계 18천, 욕계 6천

이상과 같은 세계가 모두 중생계로, 깨달음을 얻지 못한 세계이며 여기를 벗어나서 깨달음의 세계로 가는 성스러운 4단계가 바로 성문, 연각, 보살, 불의 경계이다. 이 단계에 들어가야 비로소 중생계에서 벗어났다고 할 수 있다. 불자들이 불교를 공부하

고 수행하는 것은 바로 이 길을 가는 것이며, 즉 나약한 인간으로서의 자신을 극복하고 성자의 길을 넘어서 보살의 지위와 마지막으로 부처의 세계에 가는 길을 말하는 것이다. 이것이 사람으로 태어나서 자신의 한계를 벗어나서 부처가 되는 길이다. 이 사성법계(四聖法界)를 설명하면 다음과 같다.

- 제7 성문계(聲聞界) : 해탈을 위하여 부처님의 말씀에 따라 사제(四諦)의 관법(觀法)을 닦는 경계(境界). 성문(聲聞)부터는 성자(聖者)의 지위에 들어간다.
- 제8 연각계(緣覺界) : 해탈(解脫)을 위하여 십이인연법(十二 因緣法)을 닦는 경계(境界). 이것도 해탈을 위하여 닦는 도인(道人)의 경계로, 십이인연법(十二因緣法)을 닦는 경계이다.
- 제9 보살계(菩薩界) : 무상보리(無上菩提)를 위하여 육도만행(六度萬行)을 닦는 경계(境界). 보살은 무엇인가 하면, 무상보리(無上菩提)를 위하여, 위없는 진리를 위하여 육도 만행(六度萬行)을 닦는 경계(境界)이다.
- 제10 불계(佛界) : 자각각타(自覺覺他) 각행궁만(覺行窮滿)의 경계(境界)로, 최상의 불법계(佛法界)이다. 부처는 자각(自覺)이라 스스로 깨닫고, 또는 각타(覺他)라 남도 깨닫게 해 주는 것이다.

위의 육도 중생의 길과 사성의 길을 합쳐 10법계라 한다. 이상으로 볼 때 인간으로 태어난다는 것은 큰 행복이다. 부처님 법을 만나고 들을 수 있는 좋은 기회이며, 부처를 이룰 수 있는 몸을 받은 것이다. 그래서 부처님과의 인연을 만나지 못하는 것을 여덟 가지 어려움, 즉 팔난(八難)으로 표현한다. 지옥, 아귀, 축생 삼악도에 태어나서는 부처님 법문을 들을 수 없고 장수천에 태어나도 외도들이 많아 불법을 만나 듣고 배울 수 없고, 변지(邊地)에 태어나도 부처님을 볼 수 없고, 맹인이나 농아 등으로 태어나 불법 듣기 어렵고, 세지변총(世智辯聰)으로 태어나 총명해 불법을 믿지 않고, 불전불후(佛前佛後)에 태어나 불법 만나기 어렵다고 하였으나 인간으로 태어나 좋은 인연으로 불법 만난 것은 복 중에 제일이라고 한다.

오래 수행하고 공부하신 선지식을 만나 부처님의 깨침의 말씀을 듣고 모두 성불하길 바란다.

홀로 만들어지고 사라지는 것은 없다

부처님께서 깨달으신 세상의 모습은 모든 것이 인연의 법칙, 즉 연기법에 의해서 이루어진다고 하는 것이다. 그래서 『자설경』에는 이렇게 말씀하셨다.

　　일구월심 사유하던 성자에게
　　모든 존재가 밝혀진 그날
　　그의 의혹은 씻은 듯이 사라졌다
　　연기의 도리를 깨달았으므로

이렇듯 부처님께서 세상의 의혹을 전부 해결한 것은 연기(緣起)의 법칙을 알았기 때문이다. 이것은 세상의 이치를 풀 수 있는 길을 제시하신 것이며, 생명의 실상을 알게 해주는 것이며, 만물의 생성 원리를 알았다는 것이다.

가만히 들여다 보면 세상살이가 전부 인연에 의해서 이루어지고 인연에 의해서 흩어진다. 부모와 자식 사이도, 부부의 인연도 스스로 만들어서 이루어지는 것이다. 친구의 인연도, 이웃과 세상과의 관계도 홀로 만들어진 것은 하나도 없다. 그렇다고 신이 만들어 준 것은 더더욱 아니다. 그런데 사람들은 그 인연 때문에 고통받고 괴로워하며 살고 있다. 무자식이 상팔자라고 소리를 질러도 이미 때는 지나간 것이다.

또한 부처님은 생명의 실상도 인연에 의해 만들어진다는 것을 12연기법으로 우리에게 알려주었다. 그러나 아직도 사람들은 그것을 안 믿고 신이나 절대 존재에 의해서 생명이 만들어졌다고들 믿고 따른다. 사람도 신이 흙을 빚어서 만들었다고 하고 동물, 새, 고기, 미물도 신이 다 창조했다고 생각한다. 어떻게 보면 그것이 가장 쉬운 생각이고 어렵게 생각할 필요가 없기도 하다. 하지만 우리 편한 대로 생각한다고 다 진리인 것은 아니다.

한편에서는 만물의 생성 원리, 즉 천지창조 역시 모두 인연법에서 이루어졌으나 사람들은 그것도 신이 만들어 버렸다고 생각한다. 하늘도 만들고, 땅도 만들고, 바다도 만들고, 별도 만드는 등 다 신이나 절대자가 만들었다고 생각한다. 그러나 부처님은 만물도 인연의 법칙에 의해서 서로 이루어지고 나중에 사라진다는 것을 알았다.

그러나 이 도리를 알지 못하고 어딘가에 집착하면 그것이 곧 무명이고 업장을 쌓아 가면서 무언가를 만들어 가는 것이다. 세상사 모든 일이 사실은 집착에서 만들어진 인연의 소산물인 것이다. 우리들의 어리석음도 집착에서 나온 것이고 남과의 관계를 잘 풀지 못하고 싸우는 것도 그렇고, 자식을 낳는 것도 집착에서 생긴 것이고, 가정을 꾸민 것도 집착이요, 그리고 사랑도 집착에서 생기고, 미움도 집착에서 나온 것이다.

천지창조도 집착이요, 생명의 탄생도 집착이다. 요사이는 줄기세포의 조작으로 새로운 생명을 만들어 내는 단계에까지 도달하였다. 신만이 만들 수 있는 사람과 생명체를 인간이 만든 것이다. 그렇다고 해서 인간이 신인 것은 아니다. 모든 것이 우리의 집착에서 만들어지는 것이다. 결국 그 집착에 의해 만들어진 것은 모두 괴로움의 원인이 된다.

이렇듯 우리의 삶과 존재하는 모든 것들은 알게 모르게 몸과 입과 생각으로 지은 업으로부터 만들어진 인연의 산물이다. 그렇다면 지금 만들어진 세상이나 내가 겪고 있는 고통은 어떻게 처리해야 할까? 집착에서 온 것이니 다 없애 버려야 할까? 아니다. 그것 역시 집착이다. 어차피 내가 저질러서 만든 것이니 내가 처리해야 내 인연의 굴레에서 벗어날 수 있다. 핵폭탄을 만들었으나 강대국들이 서로가 합의하여 줄이고 폐기하기 위한 지혜를 만들고 있지 않은가.

그러니 자신이 만든 인연의 고통을 스스로가 혹은 서로가 사랑과 이해로 풀어나가야만 한다. 있는 그대로 놔둬 버리거나 피한다고 되는 것이 아니다. 모든 것을 수용하고 받아들일 때 하나하나 답이 나온다. 결자해지라 묶은 자가 풀어야 한다.

평안한 마음을 위해 버려야 할 것들

💬🍃

왜들 그러는지 알 수가 없을 때가 많이 있었다. 모이면 싸우고, 흩어지고 도대체가 화합이 안 되는 것을 볼 때마다, 가슴이 아플 때가 한두 번이 아니었다. 마음을 비우고자 만나는 부처님 품 안에서조차도 서로가 서로를 비방하고 싸운다. 아마 다들 이유가 있을 테다. 그런데 사실 그 이유는 모두 한 가지 원인에서 나온다.

잘해 보겠다는 집착, 내 생각과 의견의 정당성에 대한 집착, 혹은 내가 아니면 안 된다는 집착, 아니면 상대방에 대한 나쁜 고정관념의 집착, 내 것이라는 집착, 아마 이런저런 집착들로 해서 서로를 인정하지 않고, 자신을 비우지 못하거나 용서하지 못하는 데서 분노심을 일으키고 분쟁을 초래하고 있는 것이라고 본다.

그러면 무엇 때문에 서로 만나서 집착을 일으켜 분쟁의 원인이 되는가? 그 원인은 서로가 만났다는 것에서부터 시작이 되고, 서로 만나는 것은 불교적으로 설명하면 과거세로부터 이어져 온 인연에 의해서 현재에 만나게 된다는 것이다.

결국 인연법에서 비롯하여 이런 일들이 벌어지는 것이다. 서로 모르는 남남이 만나 살면서 상대를 사랑하거나 미워하는 것은 상호관계의 자연스러운 일이다. 하지만 왜 서로 싸우고 질투하는가? 그것은 상대에 대한 나쁜 업으로 인해 일어나는 것이다. 결국 자신이 저지른 업으로 인해 상(相, saṃjñā)에 집착하게 되는 것이다. 그래서 『금강경』에서는 아상, 인상, 중생상, 수자상을 버리는 것을 마음의 평화를 찾는 중요한 길이라고 가르치고 있다.

결국 만남은 고통을 수반하는 것이다. 사랑하는 사람이든, 미워하는 사람이든 모두가 고통을 서로가 주고받으며 살아갈 수밖에 없다. 서로가 만나 업을 만들어 놓았기 때문이다. 그래서 큰스님들의 법문을 들으면 하시는 말씀이 큰 원수의 비유로 부모라고 말씀하신다. 부모가 그러한데, 하물며 자식, 친척, 제자, 이웃, 도반은 오죽하겠는가.

이 말씀은 모든 존재는 인연법에 의해 만들어지고 서로가 만들어서 시작한다는 것이다. 나와 관계가 없는 먼 아프리카 주민이 나를 괴롭힐 이유는 없다. 고통을 받는다는 것은 같이 사랑하고 인연 맺고 일하고 부딪히기 때문에 갈등이 생겨서 괴로움을 당하는 것이다.

부모니까 나에게 무엇을 해주어야 된다고 생각하고 그렇지 않으면 미워하는 식이며 부부니까 이렇게 해야 한다고 서로 요구하다 보면 상대를 미워하게 된다. 마찬가지로 친구니까, 친척이니까, 같은 집단이니까, 이웃이니까, 내 나라이니까 하는 생각으로 부딪히게 되는 것이다. 이것은 상대적으로 말하면 원수는 없다는 것과도 상통한다. 서로의 인연법에서 만들어진 생각일 뿐 미워할 대상이나 존재는 어디에도 없는 것이다. 하지만 모두가 이런 인연법에서 생긴 이치를 모르고 산다.

그런 인연법 속에서 나타나는 근원적 생각에 집착이 있다. 사람이 자기도 모르게 나타내는 상(相)으로, 네 가지가 있다. 조계종의 소의경전인 『금강경』에서는 그 넷을 버리는 것을 금강경의 핵심 실천 수행으로 삼는다. 이 네 가지를 바로 알면 깨달음을 얻는다고 한다.

① 실체하는 무엇이 있다고 하는 상에 빠져서 집착하고 삽니다.(아상我相)
② 실체하는 것은 인간이어서 인간은 축생과 다르다고 하는

생각에 집착합니다.(인상人相)

③ 나와 세상은 오온법에 의해서 생겨난 것이라는 생각에 집
착합니다.(중생상衆生相)

④ 모든 것은 영원한 영혼이 있다고 집착하는 것입니다.(수자상
壽者相)

이상의 네 가지 상은 모든 집착의 시작이며 내가 세상에 태어나
는 순간 지니는 근본 집착으로 우리를 끝없이 몰고 다닌다.

그러면 진정한 평화는 어디서 오는가? 그 해답은 위의 네
가지 상을 버리고 인연의 사슬에서 벗어나 모든 것은 한없는 연
기의 소산이라고 생각하고 일체를 놓아버리고 수용하는 것이
최상의 길이다. 실체가 없고 대상이 없는데 그리고 나의 소견도
없는데 누구를 미워하겠는가?

중도와 깨달음의 실천

💬💙

어느 집단이건 가입이 안 되면 왕따 당하는 기분이 드는 세상이다. 그러다 보니 각종 모임도 많다. 보통 한 사람이 공유하는 모임을 보면 학교 동창이다, 고향 모임이다, 회사 동기다, 군대 동기다, 동네 모임이다, 친구 모임이다, 자녀 학교 모임이다, 계모임이다, 종교 모임이다 등등 꽤 많다. 그 외에도 개인의 능력이나 성향에 따라 많은 모임을 만든다. 인터넷상에서도 헤아릴 수 없이 많은 동호회가 있다.

그러다 보니 각종 선거 등을 할 때 보면 모임끼리 만남이 더 잦아지고 편 가르기가 이루어져서 상대를 비방하고 돈이 오가며 싸운다. 이런저런 모임에서 벗어나면 낙오자가 되는 느낌이다.

그래서 부처님은 우리에게 세상을 사는 지혜를 가르치실

때 하신 말씀이 어느 쪽이든 한쪽에 치우쳐 서는 도에 다가갈 수 없다는 것이었다. 아주 어려운 문제이지만 쉬운 쪽부터 접근 한다면 조금씩 이해가 가고 깨달음을 얻을 수 있을 것이다.

인류가 피 흘린 수많은 전쟁은 종교와 민족 간 이념의 전 쟁이었다. 종교의 편 가르기와 이념의 편 가르기로 인해서 생긴 갈등으로 싸운 것이다. 또한 개인과 개인의 싸움도 자신의 주장 을 굽히지 않는 생각의 편견에서 시작된다. 그리고 불행과 슬 픔, 고통 등도 자신의 과도한 정신적 불균형에서 오는 것이다.

어느 날 부처님의 제자 소오나는 열심히 수행을 하다가 도 무지 깨달음을 얻을 수 없고 답답하여 수행을 그만둘까 고민하 였다. 그때 부처님이 부르시어 이렇게 말씀하셨다.

"너는 출가하기 전에 거문고를 잘 탔다지? 네가 거문고를 탈 때, 그 줄을 너무 죄면 어떻더냐?"

"소리가 잘 나지 않습니다."

"줄을 너무 늦추었을 때는 어떻더냐?"

"그때도 잘 나지 않습니다. 너무 늦추거나 죄지 않고 알맞게 잘 골라야만 맑고 미묘한 소리가 났습니다."

"그렇다, 공부도 마찬가지다. 정진할 때 너무 조급하면 들뜨게 되고, 너무 느리면 게으르게 된다. 그러므로 알맞게 하여 집착하거나 방일하지 말라."

- 『잡아함경』

수행과 공부, 일에도 중도가 필요하다. 수행도 너무 고행을 해서는 안 되고 너무 편안해도 안 된다고 하셨다. 세상살이도 마찬가지이다. 고통스럽거나 고민과 갈등이 오갈 때 왜 네가 꼭 그것을 해야만 하나 하고 조금 물러나서 보면 정도(正道)가 보인다. 그렇다고 너무 뒤로 빼도 안 된다. 미운 사람을 떠올릴 때면 도대체가 머리에서 지워지지 않는다. 저놈을 어떻게 할까 고민하기보다는 잠시 떠나서 보면 다른 면이 보인다. 상대가 불쌍하거나 내가 어리석거나 답이 나온다. 또한 너무 사랑하는 사람을 보다 보면 자신을 망각할 때가 있다. 이때도 잠시 뒤에서 바라보면 허상이라는 사실이 보인다. 그래서 『잡아함경』에서 말씀하시기를 "모든 극단을 떠나 그 중도를 여래는 설법하나니, 이것이 있기 때문에 저것이 있고, 이것이 일어나기 때문에 저것이 일어난다."라고 하셨다.

진정 나 자신은 어디에 있는가? 본래의 나를 보면 부처를 보는 것이다. 세상사 모든 것은 인연의 법칙에 의해서 이루어질 뿐 홀로 존재하는 것은 하나도 없다. 미움도 사랑도 갈등도 고통도 괴로움도 생로병사도 인연에 의해서 만들어진다는 것을 안다면 내가 어디에 서야 할지 답이 나온다. 남을 미워할 수가 없고, 괴롭힐 수도 없다. 모두 용서해야만 중도의 삶을 살 수 있다. 내 자식만 편드는 것이 아니라 모든 자식이 다 귀여운 것이다. 다 같은 민족인데 내 고향 내 지역만 잘 살아야 해도 안 되고, 남한만 잘 살고 북한은 굶어도 된다고 하면 안 된다. 내 종교만 좋고 남의 종교는 싫고 미신이라면 안 된다. 그래서 『금강경』에서는 진리를 보는 방법을 이렇게 풀었다.

> "수보리야, 부처가 철저히 깨달은 법이 있는가? 혹은 어떤 법을 가르치기는 했는가?"
> "부처님이시여 깨달았다 할 어떤 법도 없으며, 어떤 법도 설하지 않았습니다. 그 이유는 깨달으셨거나 설하신 법은 잡을 수도 설명할 수도 없기 때문입니다. 그것은 진리도 아니요 진리도 아님도 아니기 때문입니다."
> – 『금강경』 제7 「무득무설분(無得無說分)」

이것이 중도의 입장이요, 공(空)의 사상이다. 그런데 작은 것을 가지고 상을 내거나 잘난 척한다면 지렁이가 웃을 일이다. 더구나 폭력을 쓰거나 화를 내거나 상대를 무시한다면 그 업장이 어떻게 되겠는가?

육조 혜능 스님은 위에서 인용한 『금강경』 제7 「무득무설분」에 대한 오가해 설명에서 이렇게 말씀하셨다.

"공부하는 이가 부처의 깊은 뜻을 알지 못하고 다만 부처께서 설하신 가르침을 외우고 부처의 본심을 요달하지 못하여 마침내는 성불하지 못하므로 불가설(不可說)이라 하신 것이다. 입으로만 외우고 마음으로 행하지 않으면 곧 비법(非法)이요, 입으로 외우고 마음으로 행하여 마침내 얻을 바가 없음을 요달하면 곧 비비법(非非法)이니라."

또 야부 스님은 "시심마(是甚麼, 이 뭐꼬)"라고 해설을 했다.

안다고 하지 마십시오,
그냥 실천하시고,
행하고,
마음을 청소만 하세요.
모든 것이 법(法)이 아닌 것이 없으며,
인연 아닌 것이 없습니다.
상대가 있기에 내가 있습니다.
내 업장이 두텁기 때문에 고통이 일어납니다.

항상 그분을 위해 기도하세요.

그분이 누구일까요?

그분은 거짓 나일 수도 있고,

나를 존재하게 하는 상대일 수도 있습니다.

거짓 나도 그분인 것을 알고

남도 그분인 것을 바로 보고

본래의 나를 찾는다면

일체를 볼 수 있습니다.

수계는 왜 받나

죄무자성종심기(罪無自性從心起)

심약멸시죄역망(心若滅是罪亦忘)

죄망심멸양구공(罪忘心滅兩俱空)

시즉명위진참회(是卽名爲眞懺悔)

죄는 본래 자성 없어 마음 따라 일어난 것

한마음이 사라지면 죄도 또한 없어지네

죄도 마음도 사라지면 모두가 비어지며

이와 같이 텅 비면은 참된 참회 이뤄지네

참회진언(懺悔眞言)

옴 살바 못자모지 사다야 사바하(3번)

『천수경』을 독송하다 보면 죄의 올바른 참회를 가르치는 이 구절이 항상 화두로 떠오른다. 모든 죄가 근본이 없구나, 본래무일물(本來 無一物)이 본래무일심(本來 無一心)과 통하는 것이구나 하는 것을 깨닫게 된다.

하지만 범부들은 이 부분을 자의적으로 해석할 우려가 있다. 죄를 짓고도, 즉 업을 짓고도 작은 죄책감조차 갖지 않고 죄를 피하는 도구로 쓸 수도 있다는 것이다. 이것은 수행이 없는 지식으로만 배우는 불교 공부에서도 올 수 있다.

그러면 불교에서는 마음에서 지우면 죄가 없어지는가? 분명히 부처님께서는 자신이 지은 업은 자신이 받는다고 말씀하셨다. 하지만 그 업보를 다 받으면 없어진다고 하였다. 그 업보를 다 소멸시키는 것이 참회 기도이다. 그 방법으로는 1000배 기도, 참선, 염불, 독경, 주력 등이 있다. 즉 너무 죄의식에 빠져서 살지 말라는 것으로, 죄를 만든 것도 자신이요 죄를 없애는 것도 자신이라는 것을 가르치신 것이다. 타 종교에서는 신만이 죄를 사해 준다고 하지만 불교는 자신이 해결하여야 하기 때문에 위의 게송이 더욱 필요한 것이다.

그리고 보다 중요한 것은 죄를 짓지 않겠다는 다짐으로, 계를 받고 지키는 의지가 필요하다. 그런데 어떤 계를 지켜야 할지도 모른다면 불자로서 문제가 있다. 그래서 계를 받고 그것을 지킬 것을 생각하게 하고 자신을 돌아보게 만드는 것이다.

때때로 어떤 분들은 지키지도 못할 계를 뭐하러 받느냐고 하지만 범부이기에 계를 받는 것이다. 부처는 계를 받지 않는다. 만약 계를 안 받으면 내가 최고라는 아만으로 가득 차게 된다. 영명 선사는 "보살계를 받는 사람은 소털처럼 많지만, 이를 능히 다 지킬 수 있는 이는 오직 부처님 한 분뿐이며, 또한 계를 범함이 있어야 보살이요, 계를 파함이 없는 자는 보살이 아니다."라고 했다.

그러면 신도들이 받아야 하는 계는 몇 가지나 있나 하면, 기본 신도계가 5계, 다음으로 8관재계, 10선계, 보살계로 10중대계와 48경계가 있다. 스님들이 받는 계는 사미·사미니 10계, 비구 250계, 비구니 348계가 있다. 이 중 불자라면 꼭 알아야 할 계는 신도5계와 보살 10중대계이다. 보살 10중대계에 신도5계가 포함되므로 다음의 10중대계는 반드시 받아 지녀야 업장 소멸을 하고 죄업이 사라진다.

1   일체 중생을 살해하지 말며 또 남에게도 살해하게 하지 마라.

2   남의 재물을 훔치지 말며 또 남에게도 훔치게 하지 마라.

3   삿된 음행을 하지 말며 또 남에게도 음행하게 하지 마라.

4 결코 거짓말을 하지 말며 또 남에게도
   사견 사업을 일으키게 하지 마라.

5 술을 팔지 말며 또 남에게도 팔게 하지 마라.

6 스스로 사부대중의 허물을 말하지 말며
   또 남에게도 말하게 하지 마라.

7 자기를 칭찬하고 남을 헐뜯지 말며
   또 남에게도 그렇게 하게 하지 마라.

8 남의 재물을 아껴 탐내어 욕하지 말며
   또 남에게도 그렇게 하게 하지 마라.

9 성내지 말고 또 남에게도 성내게 하지 마라.

10 부처님과 가르침과 스님을 비방하지 말며,
    또 남에게도 비방하게 하지 마라.

때때로 어떤 분들은 지키지도 못할
계를 뭐하러 받느냐고 하지만
범부이기에 계를 받는 것이다.
부처는 계를 받지 않는다.
만약 계를 안 받으면 내가 최고라는
아만으로 가득 차게 된다.

초기불교에서 본
사념처 수행의 길

현대인들은 욕망의 끝까지 갈 수 있는 물질적 풍요 속에 살고 있다. 그리고 인간이 정신적 앎의 욕구에 만족할 수 있도록 무수히 많은 정보가 인터넷 망을 통해서, 혹은 TV 등을 통해서 우리의 의식을 깨우쳐 주고 있다.

하지만 그럴수록 사람들은 욕망의 덫에 걸려서 헤어나지 못한다. 이 모든 눈, 귀, 코, 혀, 몸, 마음의 육근을 통해서 일어나는 108번뇌는 물질이나 정신적 풍요로는 영원히 벗어날 수 없는 것이다. 그럴수록 우리의 의식은 더욱 어리석어지고 삼악도에 가는 길만 재촉한다.

그러나 요사이 깨어 있는 정신을 소유하고자 하는 이들이 하나둘 생겨나고 있다. 서양의 지식인들은 불교적 깨달음에 심취하고 있는 것이다. 유일신에 반대해서 일어난 공산주의자들도 계급 투쟁의 노동자 혁명 노선을 버리고 진실한 삶의 가치와 종교를 받아들이고 있다. 하지만 공교롭게도 한반도만이 공산주의와 유일신을 추종하는 종교인들이 가득 차서 서로 싸우고 있으니 답답한 일이다.

이 어리석고 광란의 세상에서 어떻게 공부하며 살아가야만 할 것인가. 욕망의 반대편 길을 어떻게 조화롭게 깨달음으로 이끌어 가느냐 하는 것이 바로 수행의 길이다. 그래서 수행 중 초기 부처님께서 말씀하신 수행의 내용 중에서 깨달음을 얻기 위해서 수행하는 37가지의 방법, 즉 사념처(四念處)·사정근(四正勤)·사여의족(四如意足)·오근(五根)·오력(五力)·칠각지(七覺支)·팔정도(八正道)를 차근차근 알아보는 것도 좋은 방법이다. 여기서는 그중에서 사념처에 대해 알아본다.

사념처는 삼십칠조도품 중 첫 번째에 나오는 항목이다. 이것은 ①신념처, ②수념처, ③심념처, ④법념처로 구성되어 있다.

(1) 신념처(身念處) : 몸을 있는 그대로 바라보기

먼저 신념처에 대한 경의 말씀을 보면 다음과 같다.

- 다니면서 다니는 줄 알고, 머무르면 머무는 줄 알며 앉는 것, 눕는 것, 자는 것, 깨는 것, 자다 깨는 것을 자다 깨는 줄로 안다. 이렇게 비구는 안 몸을 안 몸 같이, 바깥 몸을 바깥

몸 같이 관찰하여 생각(念)을 세워 몸에 두어서 앎이 있고 봄이 있으며 밝음이 있고, 통달함이 있다.

- 기쁨이 없는 데서 생기는 즐거움이 몸을 적시고 윤택해 두루 하고 충만하게 성취하여 노닌다.
- 비구는 몸에 있는 모든 계를 관찰하나니, 곧 내 몸 가운데는 땅, 물, 불, 바람, 허공, 식별의 요소(要素)가 있다.
- 비구는 묘지에 버려진 몸이 가죽과 살과 피를 떠나 오직 힘줄기만이 서로 이어 있는 것을 보는 것 같이 하여 그것을 본 뒤에는 자기에게 견준다.
- 들숨을 생각하여 들숨을 생각하는 줄 알고, 날숨을 생각하여 곧 날숨을 생각하는 줄 알며 들숨이 길면 곧 들숨이 긴 줄을 알고, 날숨이 길면 날숨이 긴 줄을 안다.
- 정(定)에서 생기는 기쁨과 즐거움이 몸을 적시고 윤택하여 두루 하고 충만하다.

이것을 정리하면 세 가지로 말할 수 있다. ① 외적인 몸의 모습과 소멸(消滅)의 모습을 염(念)하라는 것. ② 선정의 기쁨을 염하라는 것. ③ 안반념(安般念)을 하라는 것이다. 이를 통해 대략 신념처의 내용을 이해하는 데 도움이 될 수 있을 것이다. 조금 부연해서 설명하면 외형적인 신(身)의 무상

(無常)함을 염하고, 선정에 의해 이 몸이 즐거워지는 것을 염하며, 이 몸의 중요한 내용인 호흡을 관하는 안반념을 행하라는 것이 신념처의 내용이라 할 수 있다.

(2) 수념처(受念處) : 감각을 있는 그대로 바라보기

사념처관의 두 번째 단계는 감각에 대한 관찰이다.

비구는 즐거운 감각을 느끼면서 '나는 즐거운 감각을 느낀다.'라고 알아차리고, 혹은 괴로운 감각을 느끼면서 '나는 괴로운 감각을 느낀다.'라고 알아차린다. 내부의 감각에서 그 감각을 관찰하고, 외부의 감각에서 그 감각을 관찰하고, 안팎의 감각에서 그 감각을 관찰한다. 혹은 생겨나는 현상을 관찰하면서 감각에 머무르고 사라지는 현상을 관찰하면서 감각에 머무르고, 생겼다가 사라지는 현상을 관찰하면서 감각에 머무르고, 생겼다가 사라지는 현상을 관찰하면서 그 감각에 머무른다. 그래서 관찰의 정도와 이해에 따라서 '이것이 감각이다.'라는 자각이 확립된다. 자신의 감각에 대해 아무런 선입관 없이 있는 그대로 바라보는 훈련이 매우 중요하며, 있는 그대로를 지켜보려는 노력을 계속하면 우리는 점차 자신의 감각에 대해 보다 예민하게 깨어 있으면서도 거기에 휩쓸리지 않는 법을 배울 수 있다. 관찰의 깊이와 감각에 대한 이해의 정도에 따라 스스로 '아, 이것이 감각이구나.' 하는 자각이 생기게 된다. 이것은 단순히 감각을 통제하는 것보다 훨씬 훌륭한 방법이다.

(3) 심념처(心念處) : 마음을 있는 그대로 바라보기

세 번째 단계는 마음에 대한 관찰이다.

비구는 탐욕이 있는 마음을 '탐욕이 있는 마음이다.'라고 알아차리고 탐욕이 없는 마음을 '탐욕이 없는 마음이다.'라고 알아차린다. 성냄이 있는 마음을 '성냄이 있는 마음이다.'라고 알아차리고 성냄이 없는 마음을 '성냄이 없는 마음이다.'라고 알아차린다. 이와 같이 안으로 마음에서 마음을 관찰하고, 밖으로 마음에서 마음을 관찰하고, 안팎으로 마음에서 마음을 관찰한다. 이를 통해 관찰의 정도나 이해의 정도에 따라 '이것이 마음이다.'라는 자각이 확립된다. 그는 초연하게 머무르며 세상의 어느 것에도 집착하지 않는다. 상당히 어려운 단계지만 호흡관부터 꾸준히 수행하다 보면 관의 힘은 점점 더 커지고 나중에는 어떠한 상황에서도 자신을 있는 그대로 바라볼 수 있게 된다. 이렇게 관의 힘으로 자신을 객관적으로 바라볼 수 있을 때 사랑과 미움과 괴로움과 즐거움에 영향을 받지 않는 보다 근원적인 자신의 마음을 알게 된다.

(4) 법념처(法念處) : 법을 있는 그대로 바라보기

1) 수행의 다섯 가지 장애(탐욕, 분노, 나태, 걱정, 의심)를 관찰하는 것으로 수행자는 자신 안에 탐욕이 있으면 '탐욕이 있다'라고 알아차리고, 탐욕이 없으면 '탐욕이 없다'라고 알아차린다.

2) 색·수·상·행·식 다섯 가지 쌓임에 대하여 그것의 성질과 일어남과 사라짐을 관찰한다. 수행자는 색에 대하여 '색은 이러하고 색의 생겨남은 이러하며 색의 사라짐은 이러하다.'라고 알아차린다. 수·상·행·식 또한 마찬가지이다.

3) 눈, 귀, 코, 혀, 몸, 마음이라는 여섯 가지 인식 기관과 형상, 소리, 냄새, 맛, 촉감, 사념이라는 여섯 가지 인식대상과 이 양자 사이에서 발생하는 번뇌를 관찰한다. 수행자는 눈을 알아차리고, 눈의 대상인 형상을 알아차리며 그 두 가지에 의해 생겨난 속박을 알아차린다. 그는 아직 생겨나지 않은 결과가 생기면 그대로 그것을 알아차리고, 이미 생겨난 결과가 사라지면 그대로 그것을 알아차리고, 이미 사라진 결과가 이후에 다시 생겨나지 않으면 그대로 그것을 알아차린다. 나머지도 마찬가지이다.

석가모니 부처님은 열반에 드시기 전에 아난의 물음에 대하여 "내가 열반에 든 후 비구는 법(法)에 의지하고 다른 것에 의지하지 말라. 그리고 사념처(四念處)에 의해 나의 몸을 내관(內觀)하여 일심(一心)의 지혜로써 정진하고 세간의 탐애를 제거하라. 내가 열반에 든 후에는 계(戒)를 스승으로 삼으라, 그리고 악구성(惡口性)의 비구에게는 침묵으로 다스리라." 하는 말씀을 남기셨다. 부처님 말씀과 같이 이 사념처에 의지하여 몸과 마음을 수행하면 큰 깨달음을 얻어 자신뿐 아니라 어리석은 모든 이들을 구할 수 있을 것이다.

초기불교에서 본
사정근 수행의 길

💬♥

깨달음을 얻기 위해서 무엇인가 찾아 나서는 현대인들이 전 세계적으로 유행처럼 번지고 있다. 유럽을 휩쓸고 지나갔고 미국과 캐나다 등 아메리카 대륙도 신의 만행과 속박에서 벗어나고자 몸부림치는 지성인들이 줄을 잇고 있다.

뒤늦게 유일신을 받아들여 멋모르고 의지하며 울부짖고 살아왔던 한 많은 한민족이 세계에서 유래를 찾아보기 힘들게 성장하여 왔다. 하지만 기아와 전쟁의 어려운 생활의 고통을 벗어난 이제 진정 나를 바라볼 줄 아는 자는 얼마 없는 것이 한국의 현실이다.

그런 와중에 뒤늦게 부처님의 말씀을 배우고자 발심한 한국인이 많아지는 것은 매우 바람직한 일이라고 생각한다. 하지만 요사이 유행하는 여러 단체들이 가르치는 깨달음의 길은 불교의 완전한 무상의 도와는 거리가 있다. 어느 정도 비슷한 면은 있지만 궁극적으로는 다르다. 앞의 사념처에 이어 이번에는 사정근을 알아보자.

사정근(四正勤)은 모든 악을 끊고 선(善)을 키우기 위해서 정진하는 것을 말한다.

먼저 율의단(律儀斷)이란 아직 생기지 않은 악을 끊기 위하여 힘쓰는 것이다. 둘째로 단단(斷斷)이란 이미 생긴 악을 끊기 위해서 힘쓰는 것이다. 셋째 수호단(隨護斷)이란 아직 나타나지 않은 선을 나타내기 위하여 힘쓰는 것이다. 즉 부처님의 정도(正道)를 보호하여 악법(惡法)이 일어나지 않게 하여 선이 생기도록 힘쓰는 것을 말한다. 넷째 수단(修斷)이란 이미 생긴 선을 잘 키우는 것을 말한다.

이 네 가지를 사정단(四正斷) 또는 사정승(四正勝)이라고도 하는데 이것을 풀어서 쉽게 말하면 착한 것을 더욱 자라게 하고 악한 것은 멀리 여의려고 부지런히 수행하는 네 가지 법이다. 이 사정근이 잘되면 반드시 악을 버리고 선을 지향할 수 있으며 한 걸음 한 걸음 이상에 접근할 수 있는 것이다.

네 가지 올바른 노력이란 아직 생겨나지 않은 악하고 불건전한 상태가 생겨나지 않도록, 의욕을 일으켜 정진하고 정근하고 마음을 책려하여 노력하고, 이미 생겨난 악하고 불건전한 상태는 버리도록, 의욕을 일으켜 정진하고 정근하고 마음을 책려하여 노력하며, 아직 생겨나지 않은 선하고 건전한 상태는 생겨나도록, 의욕을 일으켜 정진하고 정근하고 마음을 책려하여 노력하고, 이미 생겨난 선하고 건전한 상태는 유지하여 잊어버리지 않고 증가시키고 확대시키고 계발시키고 충만하도록 의욕을 일으켜 정진하고 정근하고 마음을 책려하여 노력하는 것이다.

이것은 칠불통계게(七佛通戒偈)라는 가르침으로 이어진다. 과거의 일곱 부처님들이 이구동성으로 설파하신 말씀을 요약한다면 불교의 정의를 쉽게 얻을 수 있다. 이 칠불통계게는 한 부처님뿐만 아니라 일곱 부처님이 공통적으로 내린 불법의 결론이라고 할 수 있다.

제악막작(諸惡莫作)
중선봉행(衆善奉行)
자정기의(自淨其意)
시제불교(是諸佛敎)

무릇 온갖 악을 짓지 말고
착한 일만 행하여서
자기의 마음을 맑힘이

아직 생기지 않은 악은 미리 방지해야 하며, 그 방법은 단 한 가지뿐이다. 마치 잡초의 뿌리를 뽑아 제거하듯이 번뇌나 악도 그 뿌리를 뽑는 것이다. 그것은 무명을 없애는 것이며, 삼독 중의 치(痴)와 같은 근원적인 어리석음을 극복하는 일이다. 단, 이미 생겼던 죄는 참회해야 한다. 절에 가서 신행을 할 때는 부처님 같이 되고자 하는 원행을 심어야 한다. 더 나아가 업장을 소멸시키는 노력을 해야 한다. 그것이 진실한 불교의 수행이다.

동시에 똑같은 논리로, 아직 생기지 않은 선에 대해서도 생각할 수 있다. 아주 극악한 사람일지라도 조금은 남을 불쌍히 여기는 마음, 긍휼히 여기는 마음, 남의 고통을 같이 아파하는 마음은 다 가지고 있다. 그것은 바로 마음을 맑게 가꾸는 일이다. 마음속 깊은 곳에 갖고 있는 진리의 샘터에서 이와 같은 선, 용솟음치는 선에의 의지를 북돋워 나아가야 한다. 이러한 자기 성찰 내지 자기 노력 없이는 결코 성인이 될 수 없다.

초기불교에서 본
사여의족 수행의 길

지금 이 시대의 화두는 많은 정보로부터의 자유자재이다. 하루 하루 살아가는 생활 속에 우리가 지니고 알아야 할 지식과 행동의 종류들은 한없이 우리를 감싸고 있다. 본인이 가지고 있는 정보의 양과 질에 따라 자신의 가치 기준이 결정되는 것이 현실이다. 그러나 진정한 가치는 무수한 정보로부터의 속박이 없는 자유로운 세계를 지향하는 것이다. 바로 그러한 차별 없는 세계를 찾아가는 것이 수행이며 도의 경지가 아닐까 생각하며 이번에는 사여의족에 대해 알아보자.

초기불교 삼십칠조도품(三十七助道品)의 수행은 진정한 진리의 세계를 찾고 삶의 평화를 주는 가치 기준의 정립을 위해서 필요한 것이다. 이러한 깨달음을 얻기 위해서 수행하는 37가지의 삼십칠조도품 수행 방법을 말한다면, 사념처(四念處)·사정근

(四正勤)·사여의족(四如意足)·오근(五根)·오력(五力)·칠각지(七覺支)·팔정도(八正道) 등을 모두 합한 것이다. 이를 삼십칠보리도법(菩提道法)이라고도 하는데, 이러한 수행 방법을 통해서 깨달음을 성취할 수 있기 때문이다.

이 37종의 수행법은 처음으로 도를 닦는 사람이 반드시 거쳐야 할 문이다. 도를 얻기 위해 공부하고자 하는 이가 수도하려면 스승을 찾아가 도법을 물어서 들어야 하는데, 이때 생각을 골똘히 하여 법을 배우는 일로부터 시작한다. 이를 사념처라고 한다. 다음은 생각이 법에 머물러 그 법을 닦아 무엇인가를 얻으려고 노력하는 것이다. 곧 사정근이 있게 되는 것이다.

다음으로 사여의족은 수행을 하는 데 있어서 필요한 네 가지 자유자재한 것을 말한다. ① 고(苦)를 종식시키기 위하여 수행하려는 간절한 마음(意欲定)이 뜻대로 됨(의욕여의족) ② 고(苦)를 종식시키려는 노력(正進定)이 뜻대로 됨(정진여의족) ③ 고를 종식시키기 위한 선정 삼매를 이루려는 마음이 뜻대로 됨(심여의족) ④ 고를 종식시키기 위한 지혜가 뜻대로 됨(사유여의족)이다.

『잡아함경』에서는 바라문과 아난 존자의 대화에서 사여의족을 말한다.

"바라문이여, 그대 생각은 어떠한가? 그대는 지금 의욕이 있어서 이 절에 온 것이 아닙니까?"

"그렇습니다, 아난이여."

"그렇다면 바라문이여, 이미 이 절에 왔으니 그 의욕은 쉬지 않는가?"

"그렇습니다, 아난이여. 나는 노력하고 준비하고 계획해서 이 절에 왔습니다. 이미 이 절에 왔으면 그 노력과 준비와 계획은 쉽니다."

아난 존자는 바라문에게 말했다.

"그와 같이 바라문이여, 여래께서 알고 보시는 것은 네 가지 여의족을 말씀하시어, 일승의 도로써 중생을 깨끗하게 하고 괴로움과 번민을 없애고 근심과 슬픔을 끊는 데 있습니다.

무엇이 넷인가?

의욕정(意欲定)을 닦아 번뇌를 끊어 성취하는 여의족과 정진정(正進定)·심정(心定)·사유정(思惟定)을 닦아 번뇌를 끊어 성취하는 여의족이 그 넷입니다.

그래서 성스러운 제자는 의욕(의욕정)을 닦아 번뇌를 끊고 여의족을 성취하고 떠나는 것에 의하여, 욕심 없음에 의하여, 생사를 뛰어넘음에 의해, 멸에 의해, 사(捨)로 향하여 갈애를 끊게 되고, 갈애가 이미 없어지면 그 의욕도 또한 쉬게 됩니다.

마찬가지로 정진정·심정·사유정을 닦아 번뇌를 끊고 여의족

하루하루 살아가는 생활 속에
우리가 지니고 알아야 할 지식과
행동의 종류들은 한없이
우리를 감싸고 있다.
본인이 가지고 있는 정보의 양과
질에 따라 자신의 가치 기준이
결정되는 것이 현실이다.
그러나 진정한 가치는 무수한
정보로부터의 속박이 없는
자유로운 세계를 지향하는 것이다.

을 성취하고 떠남에 의해, 욕심 없음에 의해, 생사를 뛰어넘음에 의해, 멸에 의해, 평정으로 향하여 갈애가 다 하게 되고, 갈애가 이미 다 하면 사유가 곧 쉽니다."

앞에서 말한 사념처, 사정근에서는 이미 고요한 수행의 정(定)을 말하고 있다. 정이 있고 정진이 있어 정근을 얻고, 정의 인연으로 도를 얻는다. 정에 들지 않으면 사념처도 얻지 못하고 사정근도 얻지 못한다. 그러므로 정은 사여의족이며, 여의족은 한결같은 마음으로 뜻하는 바를 이룬다. 이 또한 지혜의 힘이다.

사여의족념은 사정근을 행할 때 정을 얻어서 마음이 한결같이 한곳으로 움직여 특수한 힘이 나타나게 한다. 가령 음식을 할 때 양념을 넣지 않으면 맛이 없지만 넣으면 원하는 맛이 되는 것이나 먼 길을 갈 때 속히 가려면 걷는 것보다는 차를 타는 것이 더 나음과 같다. 이와 같이 수행자는 사념처에 머물러서 지혜를 얻고, 사정근을 닦아 그 속에서 올바른 정진을 하면, 그 정진력 때문에 지혜가 더해져서 지혜와 정의 힘이 평등하게 작용하여 여의족을 얻는 것이다.

그리고 더욱 중요한 것은 수행 중에 있어서도 호흡 조절이다. 이것으로 한결같은 일념으로 정을 얻고, 그 정의 힘으로 지혜를 얻어 사여의족념으로 들어가게 된다.

초기불교에서 본
오근과 오력 수행의 길

세존께서는 이와 같이 말씀하셨다.

"비구들이여, 그러면 어떤 방법 때문에 다섯 가지 근이 다섯 가지 힘이 되고, 다섯 가지 힘이 다섯 가지 근이 되는 그런 방법은 무엇인가?

비구들이여, 믿음의 근이 곧 믿음의 힘이고 믿음의 힘이 곧 믿음의 근이다.

정진의 근이 곧 정진의 힘이고 정진의 힘이 곧 정진의 근이다.

마음챙김의 근이 곧 마음챙김의 힘이고 마음챙김의 힘이 곧 마음챙김의 근이다.

삼매의 근이 곧 삼매의 힘이고 삼매의 힘이 곧 삼매의 근이다.

혜의 근이 곧 혜의 힘이고 혜의 힘이 곧 혜의 근이다."

오근(五根)과 오력(五力)은 팔정도의 수행을 바르게 잘하는
지, 모자라거나 지나침이 있는지를 관찰하는 시스템이다.

이를테면 오근은 믿음, 노력, 정념, 삼매, 지혜의 다섯 가지
이다. 믿음이 지나치면 지혜가 부족하여 맹신에 떨어지기 쉽고,
지혜가 지나치면 믿음이 부족하기 쉽다. 또한 노력이 지나치면
들뜸이, 삼매가 지나치면 게으르기 쉽다. 그러므로 정념의 기능
중 하나는 이들을 알아차려 균형을 유지하는 것이다.

오력은 오근의 반대되는 것을 다스리는 능력이다. 믿음으
로 불신을 다스리고, 노력으로 게으름을, 정념으로 부주의함을,
삼매로 들뜸을, 지혜로 어리석음을 다스린다. 그러므로 다섯 가
지 힘이라 한 것이다.

또한 오근은 중생의 근기이다. 신심형과 지혜형의 사람, 노
력형과 무심형의 사람 그리고 좀처럼 삶에 감정이입이 안 되고
말똥말똥 알아차림형 이렇게 다섯 가지의 근기가 있다. 이 근기
들을 다 아는 것은 오직 부처님만이 가진 능력이다.

오근 중 첫째가 바로 삼보에 대한 신심 또는 신뢰다. 왜냐
하면 불교 수행은 불·법·승 삼보에 대한 신뢰에서 출발하는 것
이기 때문이다. 부처님과 가르침, 그리고 이 가르침을 수행하는
교단, 이 삼보에 대한 신뢰가 없다면 승려나 불자로서의 생활이
순탄치 않을 것이다. 또한 삼보에 대한 의심은 수다원을 성취함

에 있어서도 결정적인 장애이다. 그러므로 삼보에 대한 신심은 무엇보다 중요한 것이고 수행의 근간이 되는 것이다.

부처님의 깨달음과 범부의 깨달음, 그 차이는 영속성과 일시성에 있다. 부처님은 영원한 깨달음의 세계 속에 있지만 우리들은 한순간 깨달았다가 그 다음 순간에는 잊어버리는 악순환을 되풀이한다. 그래서 우리들은 끊임없이 깨달음을 추구해야 한다. 부처님처럼 깨달음을 내재화시킬 뿐만 아니라 영속화시켜야 한다.

이 다섯 가지 마음의 기능을 잘하기 위해서는 수행자들이 따라야 하는 아홉 가지 지침을 알아서 잘 지켜 나가야 한다.

1　정신적·육체적 무상함을 자각하려는 목표를 염두에 둘 것

2　진지하고 소중한 마음으로 법을 수행할 것

3　모든 일상적인 행동과 마음을 지속적이고 한결같이 끊어짐이 없어야 할 것

4　수행자가 의지해야 할 적당한 장소와 음식, 기후 등을 잘 유지해야 할 것

5　이전에 얻었던 마음 집중을 이루는 방법을 기억하고 있을 것

6 수행자는 항상 칠각지(七覺支)를 닦아야 할 것

7 수행하는 동안 몸의 건강과 생명에 대해서
   걱정하지 말 것

8 수행에서 불굴의 노력을 통해 육체적 고통을 이길 것

9 목표를 중도에서 포기하지 말 것

초기불교에서 본
칠각지 수행의 길

💬💗

108번뇌가 이 마음을 지배하는 것이 사바세계이다. 바로 이 108번뇌가 마왕이라고 생각하면 된다. 세상은 항상 대립으로 인한 싸움과 시기와 질투로 가득 차 있다. 마왕이 다스리는 마음이 진실의 마음을 이기기 때문이다. 그래서 부처님께서 많은 종교와 철학을 공부하시고 마음을 지배하는 잘못된 마왕을 이기는 법을 깨달아서 전한 말씀이 바로 불교의 진리이다.

삼십칠조도품의 37가지 수행도 바로 마음의 주인공을 찾아 마왕을 쫓아내는 방법이다. 앞에서 호흡의 조절에 의한 마음 수행에서 처음 과정으로 청정한 세계에 이르면 처음엔 사념처(四念處)가, 그 다음에는 사정근(四正勤)이 이루어지고, 다시 사여의족(四如意足)이 이루어지니 여기에서 오근(五根)이 얻어진다고 했다. 이번에는 깨달음을 도와주는 일곱 가지 수행인 칠각지를 알아보자.

칠각지(七覺支)는 깨달음의 도를 잘 도와가는 부분이란 뜻이다. 즉 깨달음으로 이끌어 주며, 깨달음에 도움이 되는 일곱가지의 수행 방법을 말한다.

1 택법각지(擇法覺支: 법의 조사): 진실된 것을 선택하고 거짓된 것을 버리는 것

2 정진각지(精進覺支: 활기찬 정진력): 진실된 가르침을 사유하면서 일심으로 정진 수행하는 것

3 희각지(喜覺支: 법희, 기쁨, 환희): 부처님의 가르침을 실천하는 기쁨이 생기는 것

4 경안각지(輕安覺支: 평정, 고요): 몸과 마음을 평정히 가볍고 쾌적하게 하는 것,

5 사각지(捨覺支: 평등): 오로지 법에 의지하여 온갖 집착을 버려내어 통일된 마음으로 절대 평등으로 잘 관찰하는 수행 경지.

6 정각지(定覺支: 선정): 마음을 집중하여 흔들리지 않도록 하는 것으로 청정한 일념 된 마음으로 통일된 정신으로 삼매에 드는 수행 경지.

7 염각지(念覺支: 마음 집중): 마음이 항상 깨어 있어

자기 자신이 지금 현재 무엇을 하고 있나 정확히
파악하고 알아차리는 상태로 정혜(定慧)를 잊지 않는 것.

108번뇌와 싸우는 과정에서 진정한 마음 다스림은 마음이 하고 있는 것을 항상 보고 있고, 마음에서 일어나는 긴장의 원인들을 놓아 버리고, 몸과 마음을 이완하고 평온하게 하는 것을 말한다. 이는 전체 과정이 어떻게 작용하는지 관찰하고, 연극 같은 현상 속에 휩쓸리지 않으며, 있는 그대로 그것을 허용하면서 바라보는 것을 말한다. 연극 같은 현상에 휩쓸리지 않는다는 말은 이 무아의 과정을 자아적인 것으로 동일시하지 않고, 지금 이 순간을 조정하려고 하지 않는 것이다.

진정한 마음 다스림이란 자애롭게 마음을 열고, 미혹에 대해 동일시를 놓아 버리고 나서, 머리와 마음에서의 긴장을 풀고, 그래서 실체를 분명하고 고요하게 볼 수 있는 것이다. 지금 이 순간에 일어나는 것을 조절하거나 저항하려고 할 때마다, 지금 이 순간의 진실과 싸우고 있는 것이다. 끝으로 경전에서 말씀하신 부분들을 알아보자.

"비구들이여, 칠각지(깨달음을 도와주는 일곱 가지 요소)를 어떻게 계발하고 닦으면 순수 지혜와 해탈을 성취하는가? 비구들이여,

여기 비구는 초연함과 탐욕의 버림과 소멸에 의지하고, 놓아버
림으로 성숙한 깨달음을 도와주는 염각지를 닦는다."

– 『안반수의경』

"비구들아, 만일 그 마음이 약해 망설이는 사람은 경안각지나
정각지, 사각지를 닦지 말아야 한다. 왜냐하면 약한 마음이 생
기고 미약하여 망설이는데, 다시 이 여러 가지 법들을 쓰면 그
미약함이 더 늘어나기 때문이다. 비유하면 가물거리는 약한 불
을 살리려고 하면서 다 탄 숯을 보태는 것과 같다. 어떠한가? 비
구들아, 다 탄 숯을 보태면 그 불은 꺼지고 말지 않겠느냐?"
비구들이 부처님께 아뢰었다. "그렇습니다, 세존이시여." (중략)
"비구들아, 만일 약한 마음이 생겨 약한 마음으로 망설이면, 그
때는 택법각지, 정진각지, 희각지를 닦아야 한다. 왜냐하면, 약
한 마음이 생겨 약한 마음으로 망설이는데, 이 여러 가지 법을
사용함으로써 가르치고 보여 기쁘게 하기 때문이다. 비유하
면, 가물거리는 약한 불을 살리려고 할 때는 마른 나무를 보태주
면 어떻겠느냐? 비구들아, 그 불은 훨훨 잘 타오르지 않겠느냐?"
비구들이 부처님께 아뢰었다. "그렇습니다, 세존이시여."
부처님께서 비구들에게 말씀하셨다.
"그와 같이, 약한 마음이 생겨 약한 마음으로 망설일 때는, 택법

각지, 정진각지, 희각지를 닦아, 가르치고 보여 기쁘하게 해야 한다. 만일 들뜬 마음이 생겨 들뜬 마음으로 망설이거든 의각지, 정각지, 사각지를 닦아야 한다. 왜냐하면, 들뜬 마음이 생겨 들뜬 마음으로 망설일 때는 이런 여러 가지 법을 한마음으로 고요히 거두어 잡아 머물게 해야 하기 때문이다. 비유하면 왕성하게 붙은 불을 끄려고 할 때 다 연소된 숯을 보태면 그 불은 곧 꺼지고 마는 것과 같다. 그와 같이 비구들아, 들뜬 마음으로 망설일 때 택법각지, 정진각지, 희각지를 닦으면 그것은 옳지 않은 때이고, 의각지, 정각지, 사각지를 닦으면 그것은 올바른 때 이니, 이런 여러 가지 법을 써서 한마음으로 고요히 하여, 염각지를 거두어 잡으면 일체에 다 도움이 되기 때문이니라."

부처님께서 이 경을 말씀하시자, 모든 비구들은 부처님의 말씀을 듣고 기뻐하며 받들어 행하였다.

-『화경(火經)』

초기불교에서 본
팔정도와 삼십칠조도품

37가지의 수행법을 가리키는 삼십칠조도품은 사실상 초기불교의 수행법을 통칭하는 말이다. 그 마지막이 팔정도로, 남전 상응부 경전인 『분별경』에 나오는 부처님의 팔정도 설법을 들어보자.

"비구들이여, 정견(正見)이란 무엇인가?
인생은 고(苦)라는 것을 알고
고의 원인(原因)을 알고
고의 멸(滅)함을 알고
고의 멸진(滅盡)에 이르는 길을 아는 것
이것을 정견(正見)이라 한다.

비구들이여, 정사(正思)란 무엇인가?

미망(迷妄)의 세간에서 떠나려고 생각하고

나쁜 마음(惡業)을 지니지 않겠다고 생각하고

남을 해치지 않겠다고 생각하는 것

이것을 정사(正思)라 한다.

비구들이여, 정어(正語)란 무엇인가?

거짓말을 하지 않고

남을 헐뜯는 말을 하지 않으며

거칠고 추한 말을 하지 않으며

상스러운 말을 하지 않는 것

이것을 정어(正語)라 한다.

비구들이여, 정업(正業)이란 무엇인가?

살생을 하지 않으며

남이 주지 않는 것을 갖지 않으며

청정하지 못한 행을 하지 않는 것

이것을 정업(正業)이라 한다.

비구들이여, 정명(正命)이란 무엇인가?

여기 한 성스러운 제자가 있어 부정한 생활을 끊고

바른 법을 지키며 산다.

이것을 정명(正命)이라 한다.

비구들이여, 정정진(正精進)이란 무엇인가?

여기 한 성스러운 제자가 있어

아직 짓지 않은 악은 생기지 않게 하리라고 뜻을 세우고

오로지 지키기를 힘쓴다.

이미 일어난 악은 끊겠다고 뜻을 세우고

오로지 그것을 지키고자 노력한다.

아직 짓지 못한 선을 짓겠다고 뜻을 세우고

오로지 그것을 위해 노력한다.

또 이미 지은 선은 오래 머물게 하고,

잊지 않고 더욱 닦아

완전하도록 뜻을 세우고 오로지 노력한다.

이것을 정정진(正精進)이라 한다.

비구들이여, 정념(正念)이란 무엇인가?

여기 한 비구가 있어

내 몸이라고 생각하는 몸을 정밀하게 관찰하되

열심히, 정신을 차리고, 일심으로 관찰하여

이 세간의 탐욕과 근심, 걱정을 극복한다.

또 내 감각이라 생각되는 감각을 세밀하게 관찰하되

열심히, 정신을 차리고, 일심으로 관찰하여

이 세간의 탐욕과 근심, 걱정을 극복한다.

이것을 정념(正念)이라 한다.

비구들이여, 정정(正定)이란 무엇인가.

여기 한 성스러운 제자가 있어

갖가지 욕망에서 떠나고 갖가지 악에서 떠나되

역시 대상에 마음이 끌리더라도

그 대상을 멀리하는 데서

기쁨과 즐거움을 느끼는 경지에 이른다.

이 경지를 초선(初禪)이라고 한다.

마침내 그는 대상에 끌리는 마음이 진정되고

안으로 청정하여 아무것에도 마음이 끌리지 않게 되며

오로지 삼매(三昧)에서 이는 기쁨과

즐거움에 머무는 경지에 이른다.

이 경지가 제2선(第二禪)이다.

다시 그는 그 기쁨마저도 떨쳐 내므로 마침내

마음이 평등하여 집착하지 않으며

단지 염(念)과 혜(慧)와 즐거움(樂)이 있는 경지에 이른다.

이 경지를 제3선(第三禪)이라고 한다.

다시 그는 즐거움도 괴로움도 끊는다.

이미 즐거움도 근심도 걱정도 모두 멸했으므로

그는 이제 불고(不苦) 불락(不樂)

단지 사(捨)가 있고, 염(念)이 있는

청정한 경지에 이른다.

이 경지를 제4선(第四禪)이라고 한다.

이것을 정정(正定)이라고 한다."

팔정도는 고통을 소멸시키고, 깨달음으로 이끄는 수단이다. 또한 팔정도는 현상을 있는 그대로 관찰하여 실재를 보고, 탐욕·성냄·어리석음을 소멸시키기 위한 것을 계발하기 위하여 사용된다. 그렇다면 여덟 가지 깨달음의 수단(팔정도) 중 어느 것이 가장 중요할까. 팔정도의 항목 가운데 삼십칠조도품에서 사용되는 빈도를 보면 정정진이 깨달음에 이르는 가장 중요한 요소가 된다. 알아차림(正念)은 정정진 다음으로 중요한 요소인데 실제로 수행에 있어서는 알아차림을 가장 중요시하고 깨달음의 길이라고 한다. 그래서 깨달음을 도와주는 37가지의 요소, 즉 삼십칠조도품을 줄이면 팔정도가 되고, 팔정도는 불교 수행자가 닦아야 할 세 가지 공부 방법인 계학·정학·혜학의 삼학으로 요약될 수 있다.

사유하는 기쁨

마음과 세상을 밝히는
선일 스님의 사색집

ⓒ 선일, 2021

2021년 10월 20일 초판 1쇄 발행

지은이 선일
발행인 박상근(至弘) • 편집인 류지호 • 상무이사 양동민 • 편집이사 김선경
책임편집 김소영 • 편집 이상근, 김재호, 양민호, 권순범, 최호승 • 디자인 쿠담디자인
사진 유동영 • 제작 김명환 • 마케팅 김대현, 정승채, 이선호 • 관리 윤정안
펴낸 곳 불광출판사 (03150) 서울시 종로구 우정국로 45-13, 3층
        대표전화 02) 420-3200 편집부 02) 420-3300 팩시밀리 02) 420-3400
        출판등록 제300-2009-130호(1979. 10. 10.)

ISBN 978-89-7479-945-8 (03220)

값 16,000원